He aquí lo que la gente e[...]
VIVIENDO [...]

Los miembros de los grupos peque[...]

Seis semanas atrás éramos extraños. Ahora somos una familia en Cristo. Hablamos, descansamos en los demás, nos animamos unos a otros, y nos rendimos cuentas mutuamente. Hemos pasado de reunirnos para un estudio bíblico a estar juntos para varios eventos sociales, a encontrarnos para ir a los cultos los domingos y para organizar proyectos en nuestra comunidad.

—Sandy y Craig

¡Este material con propósito ha permitido que rápidamente pasemos de ser un grupo a ser lo más cercano a una familia, y de simplemente leer la Palabra de Dios a conocer a Dios!

—Los Coopers

Los líderes de los grupos pequeños dicen...

Aunque nuestro grupo ha estado junto por hace ya varios años, las preguntas de este estudio nos han permitido conectarnos a un nivel mucho más profundo. Muchos de los hombres están demostrando sus emociones de maneras que no habíamos visto antes.

—Steve y Jennifer

Este material se ha convertido en una brújula para mí. Cuando necesito tomar una decisión, pregunto: «¿Me acerca esto a la familia de Dios? ¿Me hace más como Cristo? ¿Estoy usando los dones que Dios me ha dado? ¿Estoy compartiendo el amor de Dios? ¿Estoy rindiendo mi vida para agradar a Dios?» Todavía tengo mucho por delante, pero ha sido una bendición y una brújula para mantenerme en el camino.

—Craig

Los pastores y líderes dicen...

Hemos llevado a toda la iglesia a través de este currículo, y los resultados no son nada menos que milagrosos. Nuestra congregación se ha encendido de pasión por Dios y sus propósitos para nuestras vidas. Toda la congregación se ha avivado al acercarnos a Dios a través de este material «VIVIENDO LA VIDA JUNTOS».

—Kerry

Este formato con propósito nos ha ayudado para que nuestros grupos se den cuenta de que existen algunas áreas en las que estamos muy bien (comunión y discipulado) y otras áreas en las que necesitamos todavía trabajar. Lo que es asombroso es cómo se ha comprometido la gente en estas áreas (especialmente evangelismo y ministerio).

—Steve

Otros estudios en la Serie VIVIENDO LA VIDA JUNTOS

Después de completar este estudio, quisiéramos escuchar cómo ha afectado este programa de VIVIENDO LA VIDA JUNTOS su vida, grupo o iglesia. Escríbenos a: stories@lifetogether.com. Puede también hacerlo a www.lifetogether.com para ver cómo otras personas están poniendo en práctica «el vivir la vida juntos».

VIVIENDO LA
vida**juntos**

COMPARTIENDO TU MISIÓN EN LA VIDA TODOS LOS DÍAS

Seis sesiones
sobre el
evangelismo

Escrito por
BRETT y DEE EASTMAN
TODD y DENISE WENDORFF
KAREN LEE-THORP

DEDICADOS A LA EXCELENCIA

La misión de *Editorial Vida* es proporcionar los recursos
necesarios a fin de alcanzar a las personas para Jesucristo
y ayudarlas a crecer en su fe.

© 2005 Editorial Vida
Miami, Florida

Publicado en inglés bajo el título:
Sharing your life mission every day
por The Zondervan Corporation
© 2002 por Brett y Deanna Eastman,
Todd y Denise Wendorff y Karen Lee-Throp

Traducción: *Translator Solutions, Inc.*

Edición: *Madeline Díaz*

Adaptación de diseño interior: *Grupo Nivel Uno, Inc.*

Adaptación de diseño de cubierta: *Grupo Nivel Uno, Inc.*

Reservados todos los derechos

ISBN: 0-8297-4549-1

Categoría: Estudio bíblico

Impreso en Estados Unidos de América
Printed in the United States of America

05 06 07 08 09 ❖ 6 5 4 3 2

CONTENIDO

PRÓLOGO

Hace unos veinticinco años, note una pequeña frase en Hechos 13:36 que cambió la dirección de mi vida para siempre. Leí: «David, después de servir a su propia generación conforme al propósito de Dios, murió...» Este simple pero profundo resumen de la vida de David me fascinó, y me propuse que esa fuera también la meta de mi propia vida. Buscaría, descubriría y cumpliría los propósitos para los cuales Dios me había creado.

Esta decisión provocó en mi vida una serie de preguntas: ¿Cuáles son los propósitos de Dios para situarnos en la tierra? ¿Cómo es una vida con propósito? ¿Cómo puede la iglesia capacitar a la gente para vivir los propósitos de Dios? Leí la Biblia vez tras vez, buscando las respuestas a estas preguntas. Como resultado directo de lo que aprendimos, mi esposa Key y yo iniciamos la iglesia de Saddleback y la construimos sobre el fundamento de los cinco propósitos de Dios para nosotros (que se hallan en el Nuevo Testamento).

En el laboratorio viviente de la iglesia Saddleback, fuimos capaces de experimentar diferentes formas de ayudar a la gente a entender, aplicar y vivir los propósitos de Dios. He escrito dos libros sobre las lecciones que hemos aprendido (*Una iglesia con propósito* y, más recientemente, *Una vida con propósito*). A medida que otras iglesias se interesaban en lo que estábamos haciendo, empezamos a compartir las herramientas, programas y estudios que desarrollamos en Saddleback. Más de un millón de copias de *Una iglesia con propósito* se imprimen ahora en diecinueve idiomas, y el «Programa para clases con propósito» (Clases 101-401) se usa ahora en decenas de miles de iglesias alrededor del mundo. Esperamos que sea igual con este emocionante programa de grupo pequeño.

VIVIENDO LA VIDA JUNTOS es un estudio que rompe los esquemas de varias maneras. Es el primer programa de grupos pequeños basado totalmente en el paradigma de llevar una vida con propósito. Este no es simplemente otro estudio para ser utilizado en tu iglesia; es un estudio sobre la iglesia para fortalecer a tu iglesia. Muchos programas hoy en día están enfocados en sí mismos y son muy individualistas. Generalmente no tratan la importancia de la iglesia local y nuestro papel en ella como creyentes. Otra característica única de este programa es su equilibrio. En cada sesión, se enfatizan los cinco propósitos de Dios de alguna manera.

Pero la razón mayor por la cual estoy emocionado al lanzar este programa VIVIENDO LA VIDA JUNTOS es que he visto los cambios dramáticos que produce en las vidas de los que lo estudian. Estos estudios de grupos pequeños no fueron desarrollados en una torre de marfil o en un escenario académico exclusivo, sino en el ministerio diario de la iglesia Saddleback, donde miles de personas se reúnen semanalmente en grupos pequeños, personas comprometidas a cumplir los propósitos de Dios. Este programa ha sido evaluado y re-evaluado, y los resultados han sido absolutamente sorprendentes. Muchas vidas cambiaron, se salvaron matrimonios y se fortalecieron familias. Y nuestra iglesia ha crecido: en los siete años que pasaron hemos visto a más de 9,100 creyentes nuevos ser bautizados en Saddleback. Atribuyo estos resultados al hecho de que muchos de nuestros miembros toman en serio el hecho de vivir vidas saludables, equilibradas y dirigidas por propósitos.

Te presento este recurso con gran gozo y expectativa. Estoy muy orgulloso de nuestro equipo para el desarrollo de este proyecto: Brett y Dee Eastman, Todd y Denise Wendorff, y Karen Lee-Thorp. Ellos han dedicado cientos de horas a escribir, enseñar, desarrollar y refinar estas lecciones, recibiendo además muchas opiniones y sugerencias a lo largo del camino. Esta ha sido una labor de amor, que comparte nuestro sueño de ayudarte a servir para los propósitos de Dios en tu propia generación. La iglesia se enriquecerá por la eternidad como resultado de ello.

Alístate para una jornada llena de desafíos. ¡Y que Dios te bendiga!

—Pastor Rick Warren

El Pastor Rick Warren es el autor de *Una iglesia con propósito* y *Una vida con propósito* [www.purposedrivenlife.com].

RECONOCIMIENTOS

A veces Dios te da un sueño. La mayoría de las veces no pasa de ser solo una ilusión. Pero de vez en cuando, un sueño cautiva tu corazón, consume tus pensamientos y te impulsa a la acción. Sin embargo, si los que te rodean no están motivados a compartir la visión y no son movidos a la acción juntamente contigo, sigue siendo solo eso... un sueño. Por la gracia de Dios y un llamado claro a los corazones de algunos pocos, nuestro sueño se hizo realidad.

La serie VIVIENDO LA VIDA JUNTOS nació un verano en los corazones de Brett y Dee Eastman y Todd y Denise Wendorff, dos parejas del personal de Saddleback. Ellos tenían la esperanza de lanzar un estudio bíblico anual basado en una vida con propósito. Lo llamaron El viaje: vive una vida transformada. El viaje fue lanzado con un equipo de liderazgo que comprometió su corazón y alma al proyecto. Nunca podríamos expresar nuestra gratitud a cada uno de ustedes, quienes compartieron el sueño y nos ayudaron a continuarlo hasta ahora, tres años después.

Luego, Karen Lee-Thorp, una escritora experimentada de muchos estudios bíblicos, se unió al grupo. ¡Oh, Dios, eres tan bueno con nosotros!

Los pastores de Saddleback y los miembros del personal tan numerosos como para mencionarlos han apoyado nuestro sueño y han estado a nuestro lado para avivar la llama. Nunca hubiésemos podido hacer despegar este sueño sin su fe y apoyo.

Además, queremos expresar nuestra más profunda gratitud a los numerosos ministros e iglesias que nos ayudaron a dar forma a nuestra herencia espiritual. Estamos especialmente agradecidos a Bill Bright de la Cruzada para Cristo, quien nos proporcionó el sueño de alcanzar al mundo, y a Bill Hybels de la iglesia de Willow Creek, quien nos dio gran amor y respeto hacia la iglesia local.

Nuestro agradecimiento especial al pastor Rick y Kay Warren por compartir el sueño de una iglesia saludable, equilibrada y con propósito, que produce vidas con propósito a través del tiempo. Esta es claramente la base de nuestro trabajo. Solo Dios sabe cuán especiales son ustedes para nosotros y cuan bendecidos nos sentimos de ser parte de su equipo.

Finalmente, agradecemos a nuestros familiares queridos, quienes han vivido con nosotros, se han reído de nosotros, y nos han amado durante todo este proceso. Nos encanta edificar nuestras vidas junto a las de ustedes.

VIVIENDO
LA VIDA JUNTOS

VIVIENDO LA VIDA JUNTOS es un material único por el hecho de que fue diseñado en comunidad para la comunidad. Cuatro de nosotros hemos estado viviendo una vida juntos, de una forma u otra, por alrededor de quince años. Hemos estado en un grupo pequeño juntos, hemos compartido un ministerio juntos, y hemos estado profundamente involucrados cada uno en la vida de los otros. Hemos compartido la soltería, el matrimonio, el nacimiento de un hijo, la pérdida de un familiar, las dolencias físicas, los años de la adolescencia, la pérdida de un trabajo y, sí, inclusive los problemas matrimoniales.

Nuestra comunidad no ha sido perfecta, pero ha sido real. Nos hemos reído más allá de lo posible, llorado hasta el punto del agotamiento, nos hemos sentido tan agradecidos como uno no puede imaginar y tan furiosos que no podíamos ver las cosas con claridad. Hemos dicho cosas por las que siempre nos lamentaremos y compartido momentos que jamás olvidaremos, pero en medio de todas las cosas hemos descubierto un diamante en bruto... una comunidad que refleja el carácter de Jesucristo de manera acrecentada. Dios ha usado nuestras relaciones del uno con el otro para profundizar nuestro entendimiento e intimidad con él. Hemos llegado a creer que no podemos experimentar la anchura y la profundidad de una vida con propósito fuera de las amantes relaciones en la familia de Dios (Efesios 2:19-22; 4:11-13).

El vivir la vida juntos fue el plan de Dios desde el comienzo de los tiempos. Desde las relaciones del Padre, el Hijo y el Espíritu Santo en la Trinidad, los doce apóstoles, las primeras iglesias en casas, e inclusive las últimas palabras de Jesús en la Gran Comisión (Mateo 28:16-20), todos comparten el patrón de una vida juntos. Dios anhela conectar a todos sus hijos en amantes relaciones que logren cultivar profundamente en sus corazones los cinco propósitos bíblicos de la iglesia. Con este objetivo en mente, hemos creado la serie VIVIENDO LA VIDA JUNTOS, la primera serie para grupos pequeños con propósito.

La serie está diseñada para que tú y tu grupo transiten por una senda, en períodos de seis semanas, y completen el curso en un año. El objetivo es ayudarte a hacer una vida con propósito juntos. Hay seis guías de estudio en esta serie. Puedes estudiarlas individualmente, o puedes seguir la senda que dura un año a través de los seis estudios. *Comenzando la vida juntos* te ofrece en seis semanas una visión general de una vida con propósito. Las otras cinco guías (Conectándonos con la familia de Dios, Creciendo para ser como Jesús, Desarrollando tu FORMA para servir a otros, Compartiendo tu misión en la vida todos los días y Entregando tu vida para el gozo de Dios) exploran cada uno de los cinco propósitos de la iglesia de una forma más profunda.

En su libro *Una vida con propósito*, Rick Warren te invita a comprometerte a vivir cada día una vida con propósito. La serie VIVIENDO LA VIDA JUNTOS fue diseñada para ayudarte a vivir este tipo de vida siendo parte de un grupo pequeño con propósito. Un grupo con propósito no simplemente conecta a las personas a una comunidad o hace crecer a sus miembros por medio del estudio bíblico. Estos grupos buscan ayudar a cada integrante a equilibrar todos los cinco propósitos de la iglesia. Los cinco propósitos que se involucran con un grupo saludable tienen un paralelo con los cinco propósitos que se involucran con la iglesia.

Ampliando el círculo

Muchos cristianos tienen problemas para compartir su fe porque piensan que esta es una tarea que deben hacer solos con sus propios esfuerzos. Compartir la misión de tu vida cada día es mucho más fácil cuando es algo que nace de tu vida junto a Dios y su familia. Tomemos a Donna y a Paul como ejemplo.

Su grupo pequeño decidió asistir a la iglesia juntos un domingo por la mañana. Donna y los otros repararon en una mujer que estaba sentada cerca. Ella tenía una pulsera de hospital en su muñeca y estaba llorando. Donna y Paul vieron una oportunidad para demostrar su interés. Se presentaron y le preguntaron por la pulsera del hospital. La mujer explicó que hacía unos pocos días había dada a luz a una bebita que nació muerta. Ella y su esposo no asistían a la iglesia, pero esa mañana se sentían tan miserables en casa que decidieron visitar la iglesia Saddleback.

Pronto todo el grupo pequeño estaba escuchando. Dos miembros oraron por la pareja. Cada día durante la próxima semana tres miembros del grupo les llevaron alimentos. La pareja comenzó a asistir a la iglesia con regularidad, y otro amigo los llevó a un grupo de apoyo para tratar con el dolor. Mientras transcurría el tiempo, cada uno de los miembros del grupo dio los pasos necesarios para contribuir al cuidado de la pareja a su propia manera. Meses después, ellos tomaron la decisión de seguir a Jesús y fueron bautizados. En la actualidad pertenecen a un grupo pequeño lleno de parejas jóvenes. Están progresando, poniendo su esperanza en Jesús, y todo debido a que el grupo de Donna y Paul estuvo dispuesto a aprovechar una oportunidad para atraer a las personas de afuera a su vida juntos.

En esto consiste compartir tu fe: en ampliar el círculo de tu vida con Dios y con su familia para incluir a las personas de afuera que son bienvenidas. Es vivir la vida juntos de forma tan plena que los demás quieran participar de ella. Es asombrar a tu vecino al amarlo tanto como te amas a ti mismo. Y sí, es saber responder a las preguntas curiosas cuando surjan y conocer cómo ayudar a una persona a comprometer su vida con Jesucristo cuando esté lista.

Si la vida con Dios es la mejor cosa que te ha ocurrido, debes compartirla con los que te rodean. Nada te acercará más al corazón de Dios que sentir su pasión por aquellos que aún no lo conocen. Nada unirá más a tu grupo de amigos cristianos que el volver sus ojos hacia los de afuera. ¿Quieres una vida más abundante? ¡Entrégala!

Bosquejo de cada sesión

La mayoría de las personas desean vivir una vida con propósito, pero pocas personas realmente logran esto sobre una base consistente. Es por eso que hemos incluido elementos de cada uno de los cinco propósitos en todos los encuentros, de tal manera que puedas vivir una vida espiritual saludable y equilibrada a través del tiempo.

Cuando veas los siguientes símbolos en este libro, sabrás que las preguntas y ejercicios en esa sección promueven un propósito en particular.

CONECTÁNDONOS CON LA FAMILIA DE DIOS (COMPAÑERISMO). El fundamento para el crecimiento espiritual es una conexión íntima con Dios y su familia. Las preguntas en esta sección te ayudarán a llegar a conocer a los miembros de tu grupo pequeño de tal manera que comenzarás a tener un sentido de pertenencia. Esta sección está diseñada para iniciar un tiempo juntos y proveer una forma divertida de compartir las historias personales los unos con los otros.

CRECIENDO PARA SER COMO JESÚS (DISCIPULADO). Esta es la porción más emocionante de cada lección. Cada semana estudiarás uno o dos pasajes centrales de la Biblia. El enfoque estará en cómo las verdades de la Palabra de Dios marcan una diferencia en tu vida. A menudo te proveeremos un ejercicio experimental, no solo para posibilitarte el hablar acerca de la verdad, sino también para experimentarla de una forma práctica.

DESARROLLANDO TU FORMA PARA SERVIR A OTROS (MINISTERIO). La mayoría de las personas quieren saber cómo Dios les ha formado de una manera única para el ministerio y dónde pueden servir en el centro de su voluntad. Esta sección te ayudará a hacer realidad lo que deseas. Cada semana serás desafiado a dar pasos prácticos para desarrollar la persona inigualable que Dios hizo de ti, a fin de estar listo para servirle mejor a él y a los demás.

COMPARTIENDO TU MISIÓN EN LA VIDA TODOS LOS DÍAS (EVANGELISMO). Muchas personas pasan por alto este aspecto de la vida cristiana porque es algo que da temor, o que se complica en el sentido de establecer relaciones, o simplemente porque representa demasiado trabajo para sus cargadas agendas. Lo entendemos, porque también tenemos estos pensamientos. Pero Dios nos llamó a cada uno de nosotros a extender una mano a las personas que no le conocen. Es mucho más fácil dar pasos prácticos y manejables que pueden ser integrados naturalmente en la vida diaria si los damos juntos. Cada semana tendrás una oportunidad para dar un pequeño paso.

ENTREGANDO TU VIDA PARA EL GOZO DE DIOS (ADORACIÓN). Un corazón entregado es lo que más le agrada a Dios. Cada sesión del grupo pequeño te dará una oportunidad para entregar tu corazón a Dios y a los otros en oración. Además, serás introducido a varias formas de adoración en un grupo pequeño, incluyendo escuchar un CD de adoración, cantar juntos, leer los salmos y participar en la comunión. Esta porción de la reunión trasformará tu vida en maneras que jamás pensaste que serían posibles. Si eres nuevo en cuanto a orar en un grupo pequeño, nunca serás presionado a orar hasta que te sientas preparado.

NOTAS DE ESTUDIO. Esta sección provee notas de trasfondo sobre pasajes bíblicos que examinarás en la sección CRECIENDO. Puedes necesitar estas notas durante tu estudio.

PARA UN ESTUDIO MÁS PROFUNDO. Esta sección puede ayudar a los miembros espiritualmente más maduros a llevar la sesión un paso más adelante cada semana a su propio modo. Si tu grupo está preparado para un estudio más profundo o está cómodo haciendo la tarea, esta sección y las siguientes dos secciones te ayudarán a alcanzar este nivel. Puede que quieras animarles a leer estos pasajes y meditar en ellos en un diario personal o en la sección Notas al final de cada sesión.

VERSÍCULOS PARA MEMORIZAR. Para aquellos miembros del grupo que quieran atesorar la Palabra de Dios en sus corazones, hay seis versículos para memorizar en la página 80 que se corresponden con cada lección semanal. Si lo deseas, puedes recortar los versículos para hacer tarjetas que puedas llevar en tu bolso o billetera, a las que tendrás fácil acceso.

PLAN DE LECTURA DE UNA VIDA CON PROPÓSITO. Este plan para leer *Una vida con propósito* de Rick Warren, transcurre de forma paralela a las sesiones semanales de esta guía de estudio. *Una vida con propósito* es el complemento perfecto para la serie VIVIENDO LA VIDA JUNTOS. Si tu grupo no ha leído el libro (o quiere entenderlo más profundamente y aplicar el material enseñado en el libro), puedes leer simplemente las selecciones recomendadas cada semana, escribir una reflexión y discutir la enseñanza como grupo o en pares.

DEVOCIONALES DIARIOS. Una de las formas más fáciles para que tu grupo crezca junto es animando a cada uno a leer la Palabra de Dios en forma regular. Es mucho más fácil quedar motivado en esta área si se cuenta con el apoyo del uno al otro. En la página 81 hay un plan de lecturas diarias paralelas con el estudio que te ayudará a profundizar tu andar con Dios. Hay cinco lecturas por semana. Si realmente quieres crecer, te sugerimos que formes pareja con un amigo (compañero espiritual) para que se animen el uno al otro durante la semana. Decídelo ahora mismo y escribe el nombre de alguien con quien te gustaría unirte por las próximas seis semanas.

EL CORAZÓN DE DIOS PARA LAS PERSONAS

¿Has deseado alguna vez que uno de tus amigos llegara a conocer a Dios pero no supiste cómo ayudarlo? Conozco a un hombre joven que dice no estar interesado en Dios. A los diecinueve años me dijo: «No creo en Dios, no pienso que lo necesite». Su vida está bien. Es listo y espera estudiar una carrera que le permita expresar su creatividad y comprar todo lo que necesita para deleitarse en su vida.

Cuando le ofrecí el evangelio, me tiró la puerta en la cara. Mi primera reacción fue sentirme herido y retroceder. Pero es una persona importante en mi vida. Todavía veo su rostro en mis oraciones, bajo su superficie dura y talentosa, siento un corazón triste. Estoy convencido de que Dios desea abrazarlo, y sospecho que el Señor tiene un plan a largo plazo para perseguir su corazón. Cuando siento el dolor de Dios por mi amigo, mi propio corazón se derrite.

El plan de Dios puede tomar años para desenvolverse. Y puede ser que yo tenga un rol muy pequeño en él. Pero cuando dejo que mi corazón comparta lo que Dios siente por mi amigo, sé que no puedo rendirme en relación con él.

—Karen

CONECTÁNDONOS CON LA FAMILIA DE DIOS   10 min.

Pocas personas deciden seguir a Jesús por sí mismos. Para la mayoría de nosotros, una o más personas han sido influyentes en nuestra decisión. Pueden ser amigos, parientes, o incluso escritores de libros. Pueden ser personas que conocemos bien o personas que admiramos a la distancia. Por favor, compartan su respuesta a la pregunta 1. Trata de limitar tu historia a un minuto para que tengamos más adelante tiempo para el resto del estudio.

1. Cuando decidiste seguir a Jesús, ¿quién fue la persona que influenció en tu decisión? ¿Cómo te influenció?

2. Es importante para cada grupo estar de acuerdo en algunos valores compartidos. Si tu grupo aún no llegó a un acuerdo (a veces se le llama pacto), vayan a la página 67. Inclusive si ustedes ya han estado juntos por algún tiempo y sus valores son claros, el *Acuerdo del grupo con propósito* puede ayudar a tu grupo a lograr mayor salud y equilibrio. Recomendamos que consideres de una forma especial la rotación del liderazgo del grupo, designar compañeros espirituales e introducir equipos con propósitos dentro del grupo. Simplemente vayan a los valores y expectativas listados en el acuerdo para asegurarse de cada uno en el grupo los entiende y los acepta. Tomen cualquier decisión que haga falta con respecto a asuntos tales como refrigerios y el cuidado de los niños.

CRECIENDO PARA SER COMO JESÚS   20 min.

Tal como alguien te ayudó a ti a comenzar tu jornada con Jesús, nuestro Señor te ofrece una oportunidad para jugar el mismo rol en las vidas de otros alrededor de ti. El primer paso es ver a las personas tal como Jesús las ve: angustiadas y tristes, como ovejas sin pastor. Tendemos a ver a las personas como aparentan por fuera, sin tomar en cuenta las necesidades bajo la superficie. Necesitamos mirar más allá y disponer nuestro corazón hacia la gente que necesita de un Salvador.

Jesús recorría todos los pueblos y aldeas enseñando en las sinagogas, anunciando las buenas nuevas del reino, y sanando toda enfermedad y toda dolencia. Al ver a las multitudes, tuvo compasión de ellas, porque estaban agobiadas y desamparadas, como ovejas sin pastor. «La cosecha es abundante, pero son pocos los obreros —les dijo a sus discípulos—. Pídanle, por tanto, al Señor de la cosecha que envíe obreros a su campo.»
—Mateo 9:35–38

3. ¿Qué veía y sentía Jesús cuando visitaba las ciudades y pueblos a su alrededor?

4. Lee la definición de *compasión* en las notas de estudio de la página 21. ¿Por qué piensas que Jesús tenía compasión de la gente?

¿Por qué no hubiera sido suficiente con darles un poco de descanso, comida y dirección?

5. Jesús dijo que estas personas necesitaban un «pastor». ¿Qué crees que quería decir con eso?

6. ¿Qué quería decir Jesús cuando señaló que «la cosecha es abundante, pero son pocos los obreros»?

7. ¿A quién ves tú que te parezca como una oveja sin pastor? ¿Cómo te sientes con esa situación?

8. Piensa en alguien que no crea en Dios y sin embargo no parece ni agobiado ni desamparado. ¿Por qué crees que Jesús siente compasión por esta persona?

9. Jesús es el pastor de la gente en necesidad (Juan 10:11). ¿Por qué somos negligentes ante las necesidades más profundas de los demás?

Algunas veces la tiranía de lo urgente nos aleja del verdadero trabajo en el que Dios espera que cada uno de nosotros tome parte. El poeta alemán Goethe escribió: «Las cosas que realmente importan nunca debieran estar a merced de las que importan poco».

COMPARTIENDO TU MISIÓN EN LA VIDA TODOS LOS DÍAS   20 min.

La compasión no es algo que nos nazca naturalmente a todos. Jesús espera que desarrollemos el tipo de compasión por la gente que él tiene.

10. ¿Quiénes son esas ovejas sin pastor en tu vida, las personas que necesitan conocer a Jesús? El siguiente ejercicio de «Círculos de vida» te ayudará a pensar en personas en las diferentes áreas de tu vida. En oración, escribe por lo menos tres o cuatro nombres en los círculos.

Circulos de vida

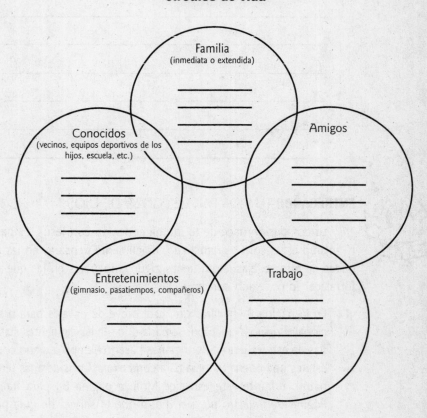

11. Comparte uno o dos nombres con el grupo. Juntos escriban una lista de diez nombres: los nombres de los no creyentes por los que el grupo orará durante las siguientes seis semanas.

_____

Lista de diez

_____

_____

_____

_____

_____

_____

_____

_____

_____

_____

 ENTREGANDO TU VIDA PARA EL GOZO DE DIOS   15-30 min.

La compasión nace de tu íntima conexión con Jesús, tu pastor. Si tú mismo estás solo o angustiado, difícilmente pensarás en las necesidades de otras ovejas. Aquí tienes algunas maneras en las que puedes fortalecer tu conexión con Jesús.

12. En la página 81 hallarás una lista breve de pasajes para tus devocionales diarios: cinco por semana durante las siguientes seis semanas de este estudio. Si nunca has pasado tiempo a diario con Dios, esta es una buena manera para comenzar. ¿Considerarías tener este hábito durante este estudio? Mira la página 84 para hallar una _Página de muestra para el diario_ que te servirá de guía para tus devocionales de cada día.

Si ya estás teniendo devocionales diarios de forma consistente, considera adquirir el hábito de memorizar diariamente las Escrituras. En la página 80 se provén seis versículos para memorizar, un verso por semana. ¿Considerarías aceptar el reto de memorizar un versículo por semana y así atesorar la Palabra de Dios en tu corazón? Te animo a que formes pareja con otra persona para que se animen y se rindan cuentas mutuamente.

13. Permite que todos respondan esta pregunta: «¿Cómo podemos orar por ti esta semana?»

Dedica un tiempo para orar por las peticiones expuestas. Oren además por las personas en su *Lista de diez*. Pídanle a Dios que prepare sus corazones para recibir el evangelio y para que desarrolle en ustedes un corazón de compasión hacia ellos. Solicita a Dios el deseo de alcanzar a cada una de estas personas con su amor, tanto en palabra como en acción.

Cualquiera que no esté acostumbrado a orar en alta voz debe sentirse libre de orar en silencio. O si eres nuevo en esto de orar en alta voz, pero te sientes valiente para hacerlo, puedes orar una simple oración como: «Dios por favor trae a_____ _____ a tu camino».

NOTAS DE ESTUDIO

Tuvo compasión. Sintió simpatía o pena desde el fondo de su ser. Compara Santiago 5:11; Salmo 103:13. Este tipo de compasión es lo que nos mueve a la acción.

Agobiadas. Físicamente exhaustas y preocupadas. Estresadas. Cuando estamos más cansados, también solemos estar emocionalmente agotados.

Desamparadas. Literalmente «tiradas». La versión NASB traduce esta palabra como triste, abandonado. La imagen es la de una oveja que se ha separado y caído, y no puede regresar a su rebaño. La oveja se cansa mucho intentando pararse sola. Una oveja así puede morir si el pastor no la halla y rescata.

Cosecha. Jesús usa la figura de una cosecha para describir la unión de muchas personas en el reino de Dios. Los campos son gente que está lista para creer en Jesús. Cuando vemos a las personas como son realmente, sentimos la compasión de Jesús hacia sus vidas y nos motivamos a ir al campo (mundo) para cosechar.

❑ *Para un estudio más profundo* sobre este tema lea Lucas 13:34; 23:28-43.

❑ *Versículo para memorizar semanal*: Juan 3:16

❑ *Plan de lectura de Una vida con propósito*: Día 36

_____

_____

_____

_____

_____

_____

_____

_____

_____

_____

_____

_____

_____

_____

_____

_____

_____

_____

_____

_____

_____

_____

_____

_____

 Si estás usando el DVD junto con este plan de estudios, por favor, usa este espacio para tomar notas sobre las enseñanzas de esta sesión.

UNA MIRADA BAJO LA SUPERFICIE

Denise y yo pensamos que todo iría bien cuando nos mudamos a un vecindario de clase media. Nuestros vecinos parecían como cualquier otros de un suburbio norteamericano. Pero un día tarde en la noche nos llamó una esposa. Nos rogó que la ayudáramos a rescatar a su marido. Parecía un padre y empleado ejemplar, pero era adicto al crack desde hacía ya quince años. ¡Estábamos tan tristes por eso! Siempre nos había parecido normal.

Después de un dramático rescate y una extremadamente difícil rehabilitación, él finalmente recibió el amor y perdón de nuestro Señor Jesucristo. Ahora, varios años más tarde, sus ojos y su corazón revelan la gracia de Jesucristo y la esperanza de un cambio de vida para cada uno de nosotros.

Denise y yo ya no nos sorprendemos al descubrir las adicciones y pecados que rondan en todos los hogares a nuestro alrededor. En el exterior todo parece bien. Pero mirando más allá en lo profundo, hallamos personas que necesitan desesperadamente la gracia salvadora de Jesucristo.

—Todd

CONECTÁNDONOS CON LA FAMILIA DE DIOS   10 min.

Algunas personas parecen no necesitar a Jesús, opinan que están bien solas. Otras parecen tener tal cúmulo de problemas que realmente nos atemoriza involucrarnos. Una estrategia importante a la hora de compartir el evangelio es la habilidad de traspasar lo superficial en una persona e ingresar a su corazón, que es el que tiene las necesidades reales, las que Jesús espera atender. Puedes sentir que no tienes esta habilidad, pero *puedes* aprenderla. Las necesidades pueden ser de diferentes tipos:

- Físicas (comida, refugio, un trabajo u ocupación, salud, o protección de alguna especie de daño físico).
- Relacionales (respeto, aceptación, recibir amor, que otros reciban su amor, hallar algo bueno en este mundo, protección de daño emocional, alivio de la soledad, libertad de la opresión política).

23

• Espirituales (una conexión con Dios, una conciencia de ser parte de algo más grande que uno mismo, claridad sobre lo que es realmente importante en la vida, perdón por lo que hemos hecho mal, vida eterna, paz).

Esta es solo una lista parcial de necesidades, por supuesto que hay muchas otras.

1. Recuerda una ocasión en la que estabas reconsiderando poner o no tu fe en Jesús. ¿Qué necesidades insatisfechas tenías en ese momento?

¿Qué tan obvias crees que eran estas necesidades para la gente a tu alrededor? Explica.

CRECIENDO PARA SER COMO JESÚS   20 min.

Jesús era brillante mirando detrás de las defensas de cada persona y dentro de sus corazones. En esta historia, Jesús apuntó a las necesidades reales de una mujer samaritana. Mira las notas de estudio en la página 30 para una explicación del conflicto étnico entre judíos y samaritanos.

Como tenía que pasar por Samaria, llegó a un pueblo samaritano llamado Sicar, cerca del terreno que Jacob le había dado a su hijo José. Allí estaba el pozo de Jacob. Jesús, fatigado del camino, se sentó junto al pozo. Era cerca del mediodía. Sus discípulos habían ido al pueblo a comprar comida.

En eso llegó a sacar agua una mujer de Samaria, y Jesús le dijo:

—Dame un poco de agua.

Pero como los judíos no usan nada en común con los samaritanos, la mujer le respondió:

—¿Cómo se te ocurre pedirme agua, si tú eres judío y yo soy samaritana?

—Si supieras lo que Dios puede dar, y conocieras al que te está pidiendo agua —contestó Jesús—, tú le habrías pedido a él, y él te habría dado agua que da vida.

—Señor, ni siquiera tienes con qué sacar agua, y el pozo es muy hondo; ¿de dónde, pues, vas a sacar esa agua que da vida? ¿Acaso eres tú superior a nuestro padre Jacob, que nos dejó este pozo, del cual bebieron él, sus hijos y su ganado?

—Todo el que beba de esta agua volverá a tener sed —respondió Jesús—, pero el que beba del agua que yo le daré, no volverá a tener sed jamás, sino que dentro de él esa agua se convertirá en un manantial del que brotará vida eterna.

—Señor, dame de esa agua para que no vuelva a tener sed ni siga viniendo aquí a sacarla.

—Ve a llamar a tu esposo, y vuelve acá —le dijo Jesús.

—No tengo esposo —respondió la mujer.

—Bien has dicho que no tienes esposo. Es cierto que has tenido cinco, y el que ahora tienes no es tu esposo. En esto has dicho la verdad.

—Señor, me doy cuenta de que tú eres profeta. Nuestros antepasados adoraron en este monte, pero ustedes los judíos dicen que el lugar donde debemos adorar está en Jerusalén.

—Créeme, mujer, que se acerca la hora en que ni en este monte ni en Jerusalén adorarán ustedes al Padre. Ahora ustedes adoran lo que no conocen; nosotros adoramos lo que conocemos, porque la salvación proviene de los judíos. Pero se acerca la hora, y ha llegado ya, en que los verdaderos adoradores rendirán culto al Padre en espíritu y en verdad, porque así quiere el Padre que sean los que le adoren. Dios es espíritu, y quienes lo adoran deben hacerlo en espíritu y en verdad.

—Sé que viene el Mesías, al que llaman el Cristo —respondió la mujer—. Cuando él venga nos explicará todas las cosas.

—Ése soy yo, el que habla contigo —le dijo Jesús.

En esto llegaron sus discípulos y se sorprendieron de verlo hablando con una mujer, aunque ninguno le preguntó: «¿Qué pretendes?» o «¿De qué hablas con ella?»

La mujer dejó su cántaro, volvió al pueblo y le decía a la gente:

—Vengan a ver a un hombre que me ha dicho todo lo que he hecho. ¿No será éste el Cristo?

—Juan 4:4-29

2. Jesús inició una conexión con esta mujer señalando su necesidad y no la de ella (versos 4-9). ¿Qué dijo Jesús acerca de su necesidad?

¿Por qué hizo Jesús eso?

3. Reflexiona en la respuesta de la mujer. ¿Qué piensas que ella sentía o pensaba?

4. Una vez que tenía la atención de la mujer, Jesús apuntó a su necesidad (versículos 10-15). ¿Qué era lo que ella pensaba necesitar?

5. Jesús pensó que ella necesitaba «agua que da vida». ¿Qué quería decir con eso?

6. ¿Cómo le ayudó Jesús a enfrentar su verdadera necesidad (versos 16–26)?

7. ¿Qué crees que hubiera sucedido si Jesús hubiera atacado su verdadera necesidad la primera vez que habló con ella?

8. ¿Cómo se ganó Jesús la confianza de esta mujer?

9. Piensa en alguien en tu vida que no crea en Jesús. ¿Qué necesidades ves en esta persona?

10. Haz una pausa para orar por la gente que venga a tu mente. Pídele a Dios que te muestre sus necesidades reales y te guíe a responder a ellas con sabiduría.

COMPARTIENDO TU MISIÓN EN LA VIDA TODOS LOS DÍAS 30-40 min.

La mayoría de nosotros quiere alcanzar a las personas que están alrededor nuestro, pero las ocupaciones y el temor a menudo nos distraen. Es de mucha ayuda darnos a nosotros mismos una estructura que nos apoye al dar un paso adelante.

11. La *Evaluación de salud de una vida con propósito* de la página 72 es una herramienta que te puede ayudar a identificar las áreas en las que Dios quiere trabajar en tu vida. Dedica unos minutos ahora para valorarte en la sección de COMPARTIR de esta evaluación. No te preocupes, no tienes que comunicar tus resultados al grupo.

12. Únete a tu compañero de la semana pasada o forma pareja con alguien en el grupo con quien te sientas cómodo hablando de tu evaluación. Recomendamos que los hombres formen parejas con otros hombres y las mujeres con otras mujeres. También se pueden hacer grupos de tres. Conversen de estas tres preguntas:

- **¿Qué es lo bueno?** (¿Qué estás haciendo bien?)
- **¿Qué no?** (¿En qué áreas necesitas mayor crecimiento?)
- **¿Qué viene después?** (¿En qué meta piensas que Dios desearía que trabajes durante los siguientes treinta días? ¿Qué harás para alcanzar esa meta?)

Aquí tienes ejemplos de posibles metas:

❑ Oraré diariamente por _____
[un amigo o pariente inconverso].

❑ Dedicaré un tiempo para mostrar amor a _____
de una forma práctica.

❑ Hablaré de la fe en Jesucristo con una persona inconversa.

❑ Me mantendré orando por la *Lista de diez* del grupo.
Recordaré a todos los miembros del grupo que oren por estas personas cada semana, y les pediré que comuniquen si tuvieron la oportunidad de compartir el evangelio con estas personas.

❑ Comenzaré a orar por un misionero y a apoyarlo económicamente.

Escribe tu meta aquí:

La persona con la que has hecho pareja podría ser tu compañero(a) espiritual para que se apoyen mutuamente en alcanzar sus metas. En dos de las siguientes cuatro sesiones del grupo puedes registrarte con tu compañero espiritual y controlar sus progresos personales. Además pueden llamarse entre semana o escribirse por correo electrónico para conversar entre las reuniones. Es asombroso cómo una pequeña oración y el darse ánimo nos fortalece para compartir el amor de Cristo.

Si nunca has realizado la *Evaluación de salud de una vida con propósito*, considera evaluarte en las otras cuatro áreas durante esta semana.

 ENTREGANDO TU VIDA PARA EL GOZO DE DIOS   15-20 min.

13. Permanece con tu compañero(a) espiritual para orar. Dedica unos minutos para compartir cualquier pedido de oración que no haya sido mencionado hasta el momento en la discusión. Luego oren los unos por los otros, especialmente por la fortaleza que necesitan para continuar hacia las metas que se han impuesto. Si eres nuevo en esto de la oración en grupos no hay problemas en orar en silencio o hacer oraciones cortas como: «Dios, por favor ayuda a_____para _____».

Al salir recuerda:

• Tu meta durante los siguientes treinta días.
• Hacer tus devocionales diarios.
• Guardar la Palabra de Dios en tu corazón a través de los versículos para memorizar semanales de la Biblia.

NOTAS DE ESTUDIO

Tal como hoy, la gente en el tiempo de Jesús era muy rápida para notar las diferencias étnicas y dividir la palabra mundo entre «nosotros» y «ellos». Veían las diferencias étnicas como razones para mirar a otros como inferiores. Jesús ignoró esas barreras al grado de parecer extraño para su época. Simplemente veía las necesidades de las personas.

Mujer de Samaria. La mayoría de los judíos de los días de Jesús miraban a los samaritanos como personas de una condición inferior. Samaria era una sociedad étnicamente mezclada con ancestros judíos y paganos. La religión samaritana incluía elementos judíos y no judíos. La mayoría de los judíos consideraban a Samaria como un «mal vecindario» e incluso evitaban viajar por esta región. Más aun, un buen judío rabino nunca debía ser visto hablando con cualquier mujer, menos todavía con una samaritana, esto se debía a que las mujeres eran consideradas como una influencia corruptiva. Y esta en particular estaba fuera de cualquier esquema de nuestra comunidad, por eso era que ella estaba sacando agua sola, en la hora más caliente del día, en lugar de hacerlo con las otras mujeres durante la tarde. Como una brusca analogía, puedes pensar en un pastor o líder de grupo pequeño caminando por la peor parte de la ciudad y teniendo una conversación con una prostituta.

Agua que da vida. Jesús prometió a la mujer lo que ella deseaba realmente, agua que no deja de brotar. Ella estaba pensando en su necesidad física. Jesús apuntó a su necesidad espiritual. El agua viva significaba literalmente lo opuesto al agua estancada. Jesús usó el término metafóricamente para referirse al Espíritu Santo, que limpia a la gente del pecado y satisface su sed por el Señor (ver Juan 7:37-39; Isaías 12:3; 35:7; Zacarías 14:8).

Esposo ... has tenido cinco. La mujer confrontó su necesidad de limpieza espiritual cuando Jesús le señaló su pecado. A menudo nos cegamos a los problemas reales que nos atacan. Cuando nos vemos como realmente somos tenemos una elección: Podemos decidir cambiar, o rechazar la idea y regresar a la desilusión con uno mismo.

❑ ***Para un estudio más profundo*** *de este tema, leer Lucas 19:1-10; Marcos 10:17-22.*

❑ ***Versículo para memorizar semanal:*** Lucas 19:10

❑ ***Plan de lectura de Una vida con propósito:*** Día 37

Habilidad: Escuchando a las necesidades

Por revelación del Espíritu Santo, Jesús sabía que la mujer samaritana había tenido cinco maridos. El Espíritu Santo no necesariamente te dará un conocimiento tan dramático acerca de los extraños, pero desea ayudarte a discernir las necesidades reales de toda la gente alrededor de ti. Puedes aprender a identificar las partes quebrantadas de las vidas de las personas. Preguntas sensitivas y hechos prácticos, tales como recibir y dar agua, pueden hablar con poder a la gente acerca de tu respeto y preocupación por ellos. La mayoría de la gente está tan sedienta de respeto y bondad como la mujer samaritana.

Jesús modeló cómo discernir las necesidades reales de la persona. Al escuchar las necesidades que alguien expresa, puedes simplemente preguntar unas pocas cosas que expresen cariño y preocupación e inviten a la persona a compartir más de su corazón contigo. Escuchando bien, se puede sacar más de las personas. Los cinco principios para escuchar ayudan a mantener una conversación y a crear una atmósfera de confianza:

1. Parafrasea lo que la persona ha compartido contigo.
2. Repite su última oración para animarle a compartir más.
3. Devuelve sus comentarios haciendo otra pregunta.
4. Responde con afirmación y gratitud por su disposición a compartir.
5. Renueva tu compromiso a escuchar y orar por la persona.

_____

_____

_____

_____

_____

_____

_____

_____

_____

_____

_____

_____

_____

_____

_____

_____

_____

_____

_____

_____

_____

_____

_____

_____

_____

_____

Si estás usando el DVD junto con
este plan de estudios, por favor, usa
este espacio para tomar notas sobre
las enseñanzas de esta sesión.

CONSTRUYE PUENTES A TRAVÉS DE LAS RELACIONES

No es una locura pensar que Dios también usa a BUNKO para construir puentes a Jesús. Mi amiga se unió a un grupo BUNKO para conocer a otras madres y salir de casa una vez por mes. Su meta era puramente social. Mientras el grupo crecía, la conversación se profundizaba. La cena allí es servida a menudo antes de jugar, y cada madre responde una pregunta específica alrededor de la mesa. Las preguntas conducen a reflexiones cándidas acerca del significado de la vida, el matrimonio, la carrera y la paternidad. Estas noches de tertulia le dieron a mi amiga la oportunidad de crear un ambiente de confianza para plantar semillas e invitar a muchas de las mujeres a la iglesia. Incluso cuando la conversación se torna en tertulias simples acerca de la vida diaria, mi amiga siempre está pidiéndole al Señor que le dé oportunidades para contactar a otros con el increíble amor de Jesucristo.

—Denise

CONECTÁNDONOS CON LA FAMILIA DE DIOS   10 min.

¡La vida de estos días parece estar siempre llena hasta el tope! No podemos imaginar cómo incluir el evangelismo como una actividad adicional en nuestra apretada agenda llena de asuntos familiares, de la iglesia, el trabajo y todo el resto. Sin embargo, el evangelismo no es una actividad extra. La mayoría de nosotros nos topamos con inconversos en el curso natural de nuestras vidas... son los padres de nuestros hijos en la escuela o clubes, nuestros compañeros de trabajo, los vecinos de enfrente, la persona que nos empaca las provisiones en el supermercado. Simplemente el abrir nuestros ojos a la gente que encontramos en el camino nos da muchas oportunidades para compartir el amor de Dios.

1. Durante una semana típica, ¿cuándo y dónde interactúas con algunos no creyentes?

A la gente no le importa lo que sabemos hasta que comprueban que nos importan. En la mayoría de los casos, las relaciones son puentes cruciales que necesitamos cruzar si queremos que nos escuchen presentar el evangelio.

Sin embargo, muchos cristianos se resisten a ser amigos de personas que no son cristianas. Algunas veces la barrera es el comportamiento inmoral: ¿Pueden los cristianos aceptar a una pareja que no esté casada, o eso implica aceptar el pecado? Otras veces la barrera es la confianza: ¿Pueden los cristianos confiar en gente que no comparte sus creencias y valores más profundos? Algunas veces la barrera son los intereses: ¿Querrán los cristianos pasar tiempo con personas que no gustan de asistir a la iglesia o escuchar música, leer libros cristianos y hacer estudios bíblicos? Otras veces el problema es la tentación: ¿Puede un cristiano pasar tiempo con ciertas personas y evitar contagiarse con sus malos hábitos?

Cuando Pablo supo que llevaría el evangelio a los no creyentes, luchó en su propia vida con estos asuntos y esto fue lo que decidió:

> *Aunque soy libre respecto a todos, de todos me he hecho esclavo para ganar a tantos como sea posible. Entre los judíos me volví judío, a fin de ganarlos a ellos. Entre los que viven bajo la ley me volví como los que están sometidos a ella (aunque yo mismo no vivo bajo la ley), a fin de ganar a éstos. Entre los que no tienen la ley me volví como los que están sin ley (aunque no estoy libre de la ley de Dios sino comprometido con la ley de Cristo), a fin de ganar a los que están sin ley. Entre los débiles me hice débil, a fin de ganar a los débiles. Me hice todo para todos, a fin de salvar a algunos por todos los medios posibles. Todo esto lo hago por causa del evangelio, para participar de sus frutos.*
>
> —I Corintios 9:19-23

2. Pablo dice: «Me he hecho esclavo para ganar a tantos como sea posible». ¿En qué formas podemos servir a los no creyentes?

3. ¿Qué nos cuesta como cristianos servir a los no creyentes?

4. ¿Por qué escogería una persona hacer algo así?

5. Pablo dice: «Aunque no estoy libre de la ley de Dios sino comprometido con la ley de Cristo ... Me hice todo para todos, a fin de salvar a algunos por todos los medios posibles» ¿Cómo ayudaría esta postura a una persona que esté construyendo amistades con personas no creyentes que son sexualmente inmorales?

6. ¿Qué crees que diría Pablo a los cristianos que simplemente prefieren pasar tiempo con otros cristianos que comparten sus valores e intereses?

7. ¿Cuáles son sus sentimientos más honestos acerca de pasar más tiempo con personas no creyentes?

COMPARTIENDO TU MISIÓN EN LA VIDA TODOS LOS DÍAS   20 min.

8. ¿Hay alguien en tu *Lista de diez* con quién podrías (tal vez junto con otros miembros del grupo) construir una relación más profunda? ¿Cómo puedes comenzar a hacerlo? (Por ejemplo pueden ejercitarse juntos, llamar y preguntar cómo están *en realidad*, o invitarlos a un café.)

ENTREGANDO TU VIDA PARA EL GOZO DE DIOS   15-30 min.

9. Siéntate junto a tu(s) compañero(s) espiritual(es) para hacer una o más de las siguientes tareas:

- Compartir lo que has aprendido en tu tiempo devocional en esta semana.
- Recitar tu versículo para memorizar.
- Comentar cómo les está yendo con las metas que se impusieron.

10. ¿Cómo puede orar el grupo por ti esta semana? Asegúrate de orar por la *Lista de diez* de tu grupo.

NOTAS DE ESTUDIO

De todos me he hecho esclavo. Pablo pone los intereses de las personas sobre los suyos no porque le obligasen a ello (lo hacía voluntariamente) o porque huyese de la presión (las demandas y expectativas no le asustaban). No hacía lo que la gente quería para ganarse su aprobación. Fue capaz de poner todo eso a un lado y hacer el bien a los demás en las áreas que realmente necesitaban. Agradar a otros no suavizaba los corazones de estos para el evangelio... pero servirlos sí lo hacía. En nuestro mundo es asombroso que una persona sirva a otra sin la presión de lo que está de por medio. Esta es la forma en la que necesitamos actuar hacia los no creyentes regularmente.

Me hice todo para todos, a fin de salvar a algunos por todos los medios posibles. Mientras más tiempo hayamos sido creyentes, más nos alejamos del mundo de los no creyentes. Podemos perder contacto con su música, conceptos políticos y actividades sociales. A menudo veremos su mundo como inmoral... algo peligroso para nuestra pureza. Pero Pablo nos reta a construir nuestras convicciones centradas en Cristo mientras nos mantenemos todavía comprometidos con el mundo no creyente que nos rodea. Se requiere mucha humildad y fuerza de carácter para pasar tiempo con chismosos y no chismear, con cínicos y no ser cínico, entre los avaros sin serlo, entre los inmorales sexuales sin contaminarse de impureza sexual. Pero esto es precisamente lo que Pablo nos anima a lograr.

❑ *Para un estudio más profundo* sobre este tema, leer Filipenses 1:27-30; 2:14-16; 1 Tesalonicenses 2:5-12

❑ *Versículo para memorizar semanal:* 2 Corintios 5:20

❑ *Plan de lectura de Una vida con propósito:* Día 38

NOTAS

_____

_____

_____

_____

_____

_____

_____

_____

_____

_____

_____

_____

_____

_____

_____

_____

_____

_____

_____

_____

_____

_____

_____

_____

_____

Si estás usando el DVD junto con
este plan de estudios, por favor, usa
este espacio para tomar notas sobre
las enseñanzas de esta sesión.

OBTÉN LO MÁXIMO DE LAS OPORTUNIDADES

Mi esposo Greg dice no ser bueno compartiendo su fe. Asegura esto hasta con su ultimo suspiro. La ironía es que habla de Jesús con los no creyentes de la manera más natural, más que nadie que yo conozca. Tiene una amiga de muchos años que abandonó la religión hace mucho tiempo ya, sin embargo cuando ella le menciona a «su Jesús», él le replica hasta que ambos están metidos en una seria discusión acerca de la fe. Le dice en su cara que él sabe que ella algún día se rendirá y ambos se reirán del asunto. Tengo un pariente con el que no sabría como abordar una conversación acerca de la fe cristiana, pero Greg y él son grandes amigos y parecen llegar a ese tipo de conversación siempre. Greg debiera admitir que es capaz de avivar cualquier chispa de interés espiritual que encuentre en alguna persona, pero siempre dice que solo está siendo él mismo y no hace nada grandioso. «Todos podrían hacer lo que yo hago», insiste, «Cristo es parte de lo que soy, así que por eso lo digo». Y por supuesto que eso es verdad. Todos podrían hacer lo que él hace. Incluso tú y yo.

—Karen

CONECTÁNDONOS CON LA FAMILIA DE DIOS   10 min.

1. Piensa en una persona en tu vida que no crea en Jesucristo. Imagina iniciar una conversación acerca de la fe con esa persona. ¿Qué pensamientos o sentimientos vienen a tu mente cuando lo imaginas?

CRECIENDO PARA SER COMO JESÚS   30 min.

El apóstol Pablo tuvo una estrategia para expandir las nuevas acerca de Jesucristo en todo el imperio romano. Llegaba a una ciudad, convencía a unas pocas personas claves cuyos corazones estaban preparados para recibir el mensaje, y los entrenaba en las bases y rudimentos de la fe. Luego seguía adelante, dejando el resto de la ciudad en sus manos. Este puñado de creyentes expandía entonces las buenas nuevas naturalmente utilizando su propia red de relaciones. Los de fuera podían así mirar cómo era un cristiano transformado a través de las relaciones entre ellos y con sus vecinos. Verían cómo estos creyentes trataban con el sufrimiento. Entonces comenzarían a hacer preguntas. Pablo trató de equipar a estos creyentes para que pudieran responder estas preguntas de maneras que tuviesen sentido para aquellos que no poseyesen conocimientos de la Biblia.

Compartir su fe asusta a muchos cristianos de hoy en día. Tememos tener que ser como Pablo para ser efectivos. Pero al escuchar las cartas que Pablo escribió a estos pequeños grupos de nuevos creyentes, hallamos que compartir nuestra fe puede ser algo natural de nuestras vidas con los demás:

> *Dedíquense a la oración: perseveren en ella con agradecimiento y, al mismo tiempo, intercedan por nosotros a fin de que Dios nos abra las puertas para proclamar la palabra, el misterio de Cristo por el cual estoy preso. Oren para que yo lo anuncie con claridad, como debo hacerlo. Compórtense sabiamente con los que no creen en Cristo, aprovechando al máximo cada momento oportuno. Que su conversación sea siempre amena y de buen gusto. Así sabrán cómo responder a cada uno.*
>
> —Colosenses 4:2-6

2. ¿Qué rol piensa Pablo que juega la oración en nuestra meta de esparcir las buenas nuevas con respecto a Jesucristo?

¿Por qué piensas que es tan importante la oración?

3. Pablo dice que en nuestras relaciones con los no creyentes debemos aprovechar «al máximo cada momento oportuno». ¿Qué tipo de oportunidades crees que tenía en mente?

4. Pablo además nos urge a ser sabios en la forma en que nos comportamos con los no creyentes. Imagínate tratando con un colega de tu trabajo, un pariente o con el profesor de tus hijos. ¿Qué acciones serían sabias si quieres ser el tipo de persona que despierta en otros la curiosidad con respecto a tu fe?

¿Qué acciones serían poco sabias?

5. Pablo quiere que nuestras conversaciones regulares con los no creyentes estén llenas de gracia y sazonadas con sal. ¿Cómo describirías una conversación llena de gracia?

6. El saber «cómo responder a cada uno» es la parte que más asusta a muchos cristianos. Pensamos que esto significa que necesitamos ser creyentes por varios años ya y unos expertos. Pero Pablo estaba escribiéndole a personas ordinarias que creían en Jesucristo desde hacía solo pocos años. Si una persona no creyente te preguntara con respecto a tu fe y no supieras qué responder, ¿qué formas serían buenas para responderle y manejar la situación?

7. ¿Cómo piensas que un cristiano ordinario puede aprender a responder los cuestionamientos y comentarios de los no creyentes con respecto a nuestra fe?

 COMPARTIENDO TU MISIÓN EN LA VIDA TODOS LOS DÍAS　30 min.

Construir relaciones con los no creyentes nos lleva a oportunidades para compartir nuestra fe. En este punto muchos de nosotros nos estancamos. ¿Qué sueles decir de Jesús cuando la gente responde a tus acciones y te da una oportunidad para hablar? Una herramienta poderosa es la habilidad de contar a otros tu propia historia de fe de una manera en la que la otra persona se pueda sentir aludida. Algunos podrán cuestionar las palabras de Dios en la Biblia pero nunca desacreditar lo que ha hecho en tu vida.

8. ¿Con qué aspectos de tu historia crees que pueda identificarse un no creyente? Revisa las siguientes cuatro áreas y comenta lo que podrías decir de cada una de ellas:

Lo que era mi vida antes de conocer a Jesús

¿Con qué circunstancias o actitudes se identificaría un no creyente? ¿Qué era lo que más te importaba? ¿Qué substituto(s) para Dios usaste para hallar sentido a tu propia vida? (Los sustitutos incluyen deportes, éxito, trabajo, matrimonio, hijos, sexo, hacer dinero, alcohol, drogas, diversión, entretenimiento, popularidad, pasatiempos y demás.)[1]

Cómo me di cuenta de que necesitaba a Jesús

¿Qué pasos significativos te llevaron a la conversión? ¿Qué necesidades, heridas o problemas te dejaron insatisfecho con la manera en la que vivías sin Dios? (Escoge un tema.) ¿Cómo llamó Dios tu atención? ¿Qué te motivó?[2]

---

[1]Si eres creyente desde la infancia, puede que no te resulte de ayuda describir lo que eras cuando tenías digamos cinco años. Sin embargo, en un punto de tu vida fuiste probablemente tentado a depender de algún sustituto que no fuera Jesús. Quizá fuiste tentado a hallar tu valor personal en un matrimonio o familia perfectos, pero has aprendido a dejar que tu familia sea imperfecta y a depender en Jesús solamente. Tal vez tu carrera se llevó tu amor por Jesús, pero ahora ya la has puesto en el lugar de subordinación que le corresponde. Los pecadores confían en Jesús en parte porque admiten ser tentados de todas las formas (Hebreos 4:15). Incluso Jesús fue tentado en maneras con las que cualquier pecador puede identificarse, lo mismo es muy probable también para ti.

[2]Si fuiste creyente desde la infancia, puedes hablar de tentaciones más recientes o de algún momento de sufrimiento en el que necesitaste de Jesús.

Cómo comprometí mi vida a Jesús

¿Qué paso específico diste para cruzar la línea? ¿Dónde sucedió? ¿Qué dijiste en tu oración? Se específico.[3]

La diferencia que esta decisión ha hecho en mi vida

¿Qué beneficios has experimentado o sentido? ¿Qué problemas se han resuelto? ¿Cómo te ha ayudado Jesús a mejorar? ¿Cómo te ha ayudado en tus relaciones? Puedes dar un ejemplo actual.[4]

---

[3]Si fuiste cristiano desde tu infancia, habla acerca de cómo te volviste a Jesús en ese momento de tentación o sufrimiento. Asegúrate de incluir tu necesidad de perdón, porque esto es algo que los no creyentes rara vez escuchan a alguien admitir.

[4]Si eres cristiano desde la infancia, habla de cómo Dios te protegió, te cuidó y perdonó durante ese tiempo de tentación o sufrimiento. Puedes además hablar de cómo esta experiencia continúa afectando tu vida.

ENTREGANDO TU VIDA PARA EL GOZO DE DIOS 15-30 min.

Pablo nos dice que la oración abre las oportunidades para compartir nuestra fe (Colosenses 4:3). También nos dice que la oración nos puede preparar para ser más efectivos al compartir con otras personas nuestra fe (verso 4). Mantengan esto en mente mientras oran juntos.

9. Formen un equipo con otra pareja o grupo de compañeros espirituales y hagan un círculo. Compartan las peticiones de oración. Luego oren unos por otros, especialmente para tener oportunidades en esta semana de hablar de su fe con gracia. Oren también por la gente en su *Lista de diez* y por la disposición de sus corazones hacia ellos. Si prefieren orar en silencio pueden simplemente decir «amén» cuando terminen para que otros lo sepan.

NOTAS DE ESTUDIO

Perseveren. Literalmente «manténganse despiertos», es decir, que estén espiritualmente alertas.[5] (Ver también Mateo 26:41.) Debemos mantenernos en oración y siempre al tanto de las oportunidades para compartir nuestra fe.

Abra las puertas para proclamar la palabra. Literalmente «una puerta para hablar». Se usa la frase figurativamente para describir la oportunidad correcta de compartir el evangelio a otros. Oren que Dios prepare a la gente para escuchar y comprender mejor a Jesús.

Amena y de buen gusto. Nuestras palabras de gracia son como la sal que da sabor a la comida. Las palabras de gracia son consideradas atractivas para los oyentes, ellas no critican. No son defensivas ni ofensivas y hablan la verdad en amor.

❑ **Para profundizar el estudio** *de este tópico, leer Filipenses 1:27-30; 2:14-18; 1 Corintios 4:1-2; 1 Pedro 2:11-25*

❑ **Versículo para memorizar semanal:** Colosenses 4:5

❑ **Plan de lectura de Una vida con propósito:** Día 39

---

[5]Curtis Vaughan, *Gálatas.* Volumen 11 en *El Comentario expositivo de la Biblia,* Frank E. Gaebelein, Editor General (Grand Rapids: Zondervan, 1981), p. 221.

_____

_____

_____

_____

_____

_____

_____

_____

_____

_____

_____

_____

_____

_____

_____

_____

_____

_____

_____

_____

_____

_____

_____

_____

_____

_____

_____

 Si estás usando el DVD junto con este plan de estudios, por favor, usa este espacio para tomar notas sobre las enseñanzas de esta sesión.

EXPLICACIÓN
EL EVANGELIO

Años atrás fui parte de un equipo que filmaba una película de entrenamiento acerca del evangelismo. La mayoría de los actores no eran creyentes. En una de las escenas un actor representaba a un cristiano que explicaba el evangelio en el lenguaje más eclesiástico que te puedas imaginar. Se veía muy convincente. Luego, a la hora del almuerzo, me preguntó en la mesa con toda la seriedad del caso: «Bien, ¿y qué es *propiciación*?»

Probablemente nunca te preguntarán esto, pero si eres como muchos de nosotros, la sola idea de tener que explicar lo que crees de forma consistente y en un lenguaje ordinario te puede poner a sudar. ¡No temas! La ayuda está en camino.

—Karen

CONECTÁNDONOS CON LA FAMILIA DE DIOS   10 min.

1. Trata de definir la palabra *propiciación*. Si no tienes idea, ¡pues piensa en algo!

La definición «real» la puedes encontrar en las notas para líderes. Pueden dar un aplauso a aquellas personas que se acerquen más a la definición y a la persona que dé la respuesta más divertida.

CRECIENDO PARA SER COMO JESÚS   30 min.

¿En qué punto nuestras vidas en Jesucristo se transforman en palabras acerca de Jesús? Es cuando nos hemos ganado el derecho de hablar acerca de él con otros. Ya sea con amigos de toda la vida o personas que recién hemos conocido, llega un momento cuando el hablar de nuestra fe en Cristo es todo. El apóstol Pedro nos urge a superar nuestros temores para ese momento:

Y a ustedes, ¿quién les va a hacer daño si se esfuerzan por hacer el bien? ¡Dichosos si sufren por causa de la justicia! «No teman lo que ellos temen, ni se dejen asustar.» Más bien, honren en su corazón a Cristo como Señor. Estén siempre preparados para responder a todo el que les pida razón de la esperanza que hay en ustedes. Pero háganlo con gentileza y respeto, manteniendo la conciencia limpia, para que los que hablan mal de la buena conducta de ustedes en Cristo, se avergüencen de sus calumnias. Si es la voluntad de Dios, es preferible sufrir por hacer el bien que por hacer el mal.

—1 Pedro 3:13-17

2. ¿Qué razones nos da Pedro para no tener miedo de hablar sobre Jesús a otros?

¿Qué piensas acerca de estas razones?

3. Pedro se refiere al evangelio como la «razón de la esperanza que hay en ustedes» (versículo 15). Lee la definición de *esperanza* en las notas de estudio. ¿Has sentido este tipo de esperanza? Explica tus criterios.

4. Cuando explicamos el evangelio a alguien, ¿*cómo* lo hacemos (versículos 15-16)?

¿Por qué son tan importantes la gentileza y el respeto?

¿Cuál es exactamente el evangelio que compartimos con la gente? Pablo nos ofrece este resumen:

Ahora, hermanos, quiero recordarles el evangelio que les prediqué, el mismo que recibieron y en el cual se mantienen firmes. Mediante este evangelio son salvos, si se aferran a la palabra que les prediqué. De otro modo, habrán creído en vano. Porque ante todo les transmití a ustedes lo que yo mismo recibí: que Cristo murió por nuestros pecados según las Escrituras, que fue sepultado, que resucitó al tercer día según las Escrituras, y que se apareció a Cefas, y luego a los doce. Después se apareció a más de quinientos hermanos a la vez, la mayoría de los cuales vive todavía, aunque algunos han muerto. Luego se apareció a Jacobo, más tarde a todos los apóstoles, y por último, como a uno nacido fuera de tiempo, se me apareció también a mí.

—1 Corintios 15:1-8

5. El evangelio se enfoca en lo que hizo Jesús. ¿Cuáles fueron las cosas importantes que hizo Jesús de acuerdo a este pasaje? Trata de explicarlas en un lenguaje ordinario que cualquier persona pueda entender.

6. ¿Por qué son estas noticias buenas o de esperanza?

COMPARTIENDO TU MISIÓN EN LA VIDA TODOS LOS DÍAS   30 min.

La «Ilustración del Puente» es una forma sencilla de explicar cómo confiar en Jesucristo para nuestra salvación. Nos muestra lo que es el pecado y cómo nos separa de Dios, cómo nos reconciliamos con él y lo que necesitamos para aceptar a Jesucristo y su regalo de salvación. Cuando una persona está lista para decidir si seguirá o no a Jesucristo, puedes usar la ilustración del puente para clarificar todos los puntos en su mente.

7. A continuación se muestra un recuadro en el cual puedes practicar dibujando la «Ilustración del puente. Luego puedes hallar un escrito que te dé todo lo que necesites para explicar la ilustración a cualquier persona. Simplemente dibuja el cuadro paso a paso y luego pregunta a la otra persona: «¿Dónde te dibujarías tú en esta ilustración?»

El puente a la vida © 2002 por Los Navegantes. Usado con permiso. Folletos en tamaño de bolsillo que explican *El puente a la vida* están disponibles en paquetes de cincuenta a través de NavPress en www.navpress.com.

EL **PUENTE** A LA VIDA

Paso 1 – El amor de Dios y su plan

Dios nos creó a su imagen para ser sus amigos y experimentar una vida llena de su amor, abundante y eterna.

Jesús dijo: «Vine para que tengan vida y para que la tengan en abundancia."
—Juan 10:10b

«Tenemos paz con Dios por medio de nuestro Señor Jesucristo».
—Romanos 5:1

Si Dios ha planeado que tengamos paz y una vida abundante ahora, ¿por qué la mayoría de gente no la experimenta?

Paso 2 – Nuestro problema: La separación de Dios

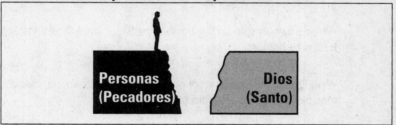

Dios nos creó a su imagen para que tengamos una vida abundante y llena de sentido. No nos hizo como robots que lo amaran y obedecieran de forma automática, sino nos dio voluntad y libertad de elegir.

Nosotros escogimos desobedecer a Dios y hacer las cosas a nuestra manera. Todavía hoy hacemos esa decisión. Esto trae como resultado nuestra separación de Dios.

«Pues todos han pecado y están privados de la gloria de Dios».
—Romanos 3:23

Por nosotros mismos no podemos alcanzar la perfección que necesitamos para salvar la brecha que existe entre Dios y nosotros. A través de todos los tiempos los individuos han tratado de hacerlo... pero sin éxito alguno.

Esto no se logra a través de buenas obras... o la religión... o el dinero... o la moralidad... o la filosofía...

«Hay caminos que al hombre le parecen rectos, pero que acaban por ser caminos de muerte».

—Proverbios 14:12

Paso 3 – El remedio de Dios: La cruz

Jesucristo es la única respuesta a este problema. Él murió en la cruz y se levantó de la tumba pagando la condena por nuestro pecado y salvando la brecha que existe entre Dios y la gente.

«Porque Cristo murió por los pecados una vez por todas, el justo por los injustos, a fin de llevarlos a ustedes a Dios. Él sufrió la muerte en su cuerpo, pero el Espíritu hizo que volviera a la vida».

—1. Pedro 3:18

«Porque hay un solo Dios y un solo mediador entre Dios y los hombres, Jesucristo hombre».

—1 Timoteo 2:5

«Pero Dios demuestra su amor por nosotros en esto: en que cuando todavía éramos pecadores, Cristo murió por nosotros».

—Romanos 5:8

Paso 4 – Nuestra respuesta

Creer significa confianza y compromiso: reconocer nuestro pecado, confiar en el perdón de Cristo y permitir que Jesús controle nuestra vida. La vida eterna y abundante es un regalo para que nosotros lo recibamos gratuitamente.

«Porque tanto amó Dios al mundo, que dio a su Hijo unigénito, para que todo el que cree en él no se pierda, sino que tenga vida eterna»

—Juan 3:16

«Ciertamente les aseguro que ya viene la hora, y ha llegado ya, en que los muertos oirán la voz del Hijo de Dios, y los que la oigan vivirán».

—Juan 5:24

¿En qué punto te colocarías en esta ilustración?

¿Qué te impide invitar a Jesús a tu vida para cruzar el puente y tener una relación con Dios?

Cómo recibir a Cristo

1. Admitir tu necesidad (reconocer: «Soy un pecador»).
2. Estar dispuesto a dejar tu pecado (arrepentimiento).
3. Creer que Jesucristo murió por nosotros en la cruz y se levantó de la tumba.
4. Invitar a Jesús mediante una oración a venir y gobernar tu vida a través del Espíritu Santo (recibirlo como Señor y Salvador de tu vida).

Querido Señor Jesús:

Sé que soy un pecador y necesito tu perdón. Creo que moriste por mis pecados y quisiera dejar esa vida. Ahora te invito a entrar en mi corazón y mi vida. Quiero confiar y seguirte como Señor y Salvador. En el nombre de Jesús. Amén.

8. Divídanse en grupos de dos o tres personas. Den a cada persona la oportunidad de compartir la «Ilustración del puente».

ENTREGANDO TU VIDA PARA EL GOZO DE DIOS   15-30 min.

9. Siéntense junto a su(s) compañero(s) espiritual(es). Juntos desarrollen una o más de las siguientes tareas:

- Compartan lo aprendido en su tiempo devocional.
- Reciten su versículo semanal para memorizar.
- Comenten sus avances en cuanto a la meta que se han impuesto.

10. La Cena del Señor es una manera maravillosa de celebrar la muerte y resurrección de Jesús. Esta es un recordatorio del mismo centro del evangelio. Consideren compartir la Cena del Señor la semana siguiente. ¿Quién quisiera liderar esta actividad? ¿Quién traerá los elementos?

Las instrucciones para compartir la Cena del Señor en un grupo pequeño están en la página 78.

11. Algunos de nosotros pueden sentirse nerviosos ante la idea de invitar a otros a hacer una decisión por Cristo. ¿Qué tal si llegamos al puente pero olvidamos los versículos? ¿Qué ocurrirá si la persona no responde bien? Mientras oras por las necesidades del grupo, incluye una oración de ánimo. Pídele a Dios que ponga personas en tu vida que estén listas para hacer su decisión por Cristo y que quieran seguirle. Sigan orando por las personas en su *Lista de diez*.

NOTAS DE ESTUDIO

Responder. Dar una explicación verbal de lo que creemos. La palabra significa literalmente «defender», pero *no deberíamos* estar a la defensiva. Nuestro ego no debería ser un obstáculo. Algunos pueden rechazar nuestras creencias pero no trastornar nuestra confianza, porque nuestra confianza no descansa en lo que las personas creen. Nuestra explicación se obtiene de lo que la Biblia dice acerca de nuestra salvación y de nuestra propia historia personal sobre la misma.

Esperanza. La esperanza es anhelar algo, aguardar con expectativa y tener confianza en que al final recibiremos algo que deseamos pero que aún no poseemos (Romanos 8:22-25). Para tener esperanza debemos querer intensamente algo que no tenemos, y esto no siempre es agradable. Tal como el embarazo y el dolor de dar a luz, la esperanza incluye ambas cosas: una gran anticipación y agonía. Los cristianos basan su esperanza en dos cosas. Primero, esperamos que el Espíritu Santo nos ayude continuamente a ser amables, amar, estar gozosos y ser personas valientes en esta vida, sin importar lo que nos venga. Segundo, esperamos confiadamente un día ser recibidos en el reino de Dios en su grandeza, allí será la celebración, la reunión llena de gozo, la presencia íntima de Dios y el fin de toda tristeza y dolor (Isaías 25:6-8; Apocalipsis 21:1-5).

Evangelio. Literalmente, «buenas nuevas». Si un doctor te dijera que tus exámenes médicos demuestran que después de todo no tenías cáncer, ¿no sería esto maravilloso para ti? Buenas noticias, ¿verdad? Pues aun mejor noticia es saber que Jesús murió por tus pecados y te permite vivir en la eternidad con Dios.

Salvos. Rescatados del peligro o la destrucción. Cuando decimos que el evangelio nos salva, decimos que la muerte de Jesús nos rescató del castigo del pecado. El pecado es la rebelión contra Dios, y la paga de este es la separación eterna de él... un horrible destino porque Dios es la fuente de todo gozo. Jesús nos rescató de esta separación.

Murió por nuestros pecados. Si quemaras la casa de alguien y el juez no solo pagara por esa casa, sino que además fuera a la cárcel en tu lugar, eso sería algo que se parecería a lo que Jesús hizo en la cruz. Tus pecados son como un crimen y una deuda que nunca podrás pagar. El costo es más dinero del que podrías reunir en toda tu vida. Pero para que Dios te libere de la deuda alguien más tiene que pagarla por ti. La deuda no puede ser ignorada, porque alguien tiene que pagar por reconstruir la casa. El pecado significa que has estado quemando la propiedad de Dios durante toda tu vida. Incluso las personas más buenas hacen más daño del que pueden admitir. Jesús pagó el precio para devolver lo que habías dañado y además te convierte nuevamente en esa persona para la que fuiste creado.

❑ *Para un estudio más profundo* sobre este tema, leer Proverbios 14:12; Juan 3:16-21; 10:10; Romanos 3:9-18, 21-26; 5:1-2, 6-8

❑ *Versículo para memorizar semanal:* 2 Pedro 3:9

❑ *Plan de lectura de Una vida con propósito:* Día 40

NOTES

Si estás usando el DVD junto con este plan de estudios, por favor, usa este espacio para tomar notas sobre las enseñanzas de esta sesión.

LAS PALABRAS FINALES DE JESÚS

La mayoría de nosotros los anglosajones en los Estados Unidos somos criados con poca experiencia transcultural. ¡Nos pone en un aprieto visitar la tienda árabe al otro lado de la ciudad, así que ni pensar en ir con el evangelio a otro país! Como vivimos a dos horas de México hemos tenido la oportunidad de mostrar a nuestros hijos y a nosotros mismos que realmente podemos vivir junto a otras nacionalidades.

Un año fuimos a México con un grupo de la iglesia para dar regalos navideños a varios niños en algunos orfanatos. Paramos para comer unos tacos justo al pasar la frontera y luego nos dirigimos a los hospicios. Allí jugamos con los niños y les contamos del amor de Jesús y que deseaba tener una relación personal con ellos. Un pequeño niño quiso una foto que le tomamos con Brandon, nuestro hijo de seis años. Le mostró a Brandon donde dormía y sus juguetes, ese día nuestro hijo aprendió que podía compartir del amor de Jesús con alguien que no hablara su mismo lenguaje solo siendo él mismo. La vida juntos se hizo más rica de lo que nunca pensamos que sería posible después de esta experiencia.

—Todd y Denise

CONECTÁNDONOS CON LA FAMILIA DE DIOS   10 min.

1. ¿Cuál ha sido el punto más alto de este estudio para ti?

2. ¿Qué es lo que más aprecias de este grupo?

CRECIENDO PARA SER COMO JESÚS   30 min.

Las últimas palabras de alguien antes de partir son a menudo las más cercanas a su corazón. Luego de que Jesús se levantara de la muerte, pasó cuarenta días con sus discípulos. Luego ascendió al cielo y ya no estaba de cuerpo presente en la tierra. ¿Qué palabras dijo al partir- para animarnos como sus seguidores a cumplir la tarea que se nos presenta?

> *Los once discípulos fueron a Galilea, a la montaña que Jesús les había indicado. Cuando lo vieron, lo adoraron; pero algunos dudaban. Jesús se acercó entonces a ellos y les dijo:*
> *—Se me ha dado toda autoridad en el cielo y en la tierra. Por tanto, vayan y hagan discípulos de todas las naciones, bautizándolos en el nombre del Padre y del Hijo y del Espíritu Santo, enseñándoles a obedecer todo lo que les he mandado a ustedes. Y les aseguro que estaré con ustedes siempre, hasta el fin del mundo.*
>
> —Mateo 28:16–20

3. ¿Qué cuatro cosas pidió Jesús a sus discípulos que hicieran?

4. ¿Por qué crees que escogió estas palabras finales para sus discípulos?

5. ¿Cuál es tu reacción personal a estas palabras? (¿Sientes urgencia, inspiración, emoción o miedo? ¿Tienes sentimientos contradictorios?)

6. Cuando Jesús habla acerca de «todo lo que les he mandado» (verso 20), ¿qué mandamientos crees que tenía en mente? Cita ejemplos.

7. En los días de Jesús la enseñanza no era solo una transferencia de información. Era un entrenamiento cuerpo a cuerpo para lograr algo. Nunca encontrarás que alguien haya aprendido los mandamientos de Jesús haciendo una prueba escrita de ellos, sino cumpliéndolos. Por ejemplo, Jesús dijo: «Vayan y hagan discípulos de todas las naciones». La prueba de que hemos aprendido a obedecer este mandamiento es nuestro comportamiento hacia las personas de otras naciones y culturas.

¿Qué contacto con personas de otras culturas podrías tener en una semana típica? Por ejemplo:

- ¿Qué estudiantes en la clase de tu hijo provienen de familias con otras culturas?
- ¿Quién en tu trabajo proviene de otra cultura?
- ¿Qué contacto has tenido con alguien en otros países?
- ¿Cuándo viajas a otros países?
- ¿Cómo puedes prestar más atención a las noticias internacionales?
- ¿Puedes apoyar a misioneros en el exterior?

8. ¿Qué viene a tu mente cuando piensas en ampliar tu círculo de amor hacia gente de otras culturas e incluso otros continentes?

COMPARTIENDO TU MISIÓN EN LA VIDA TODOS LOS DÍAS   20 min.

¡Si tuvieras que hacer discípulos de todas las naciones por tu cuenta, sería realmente abrumador! Pero ese es el punto de vivir la vida juntos: que nos tenemos los unos a los otros para apoyarnos y al Espíritu Santo también. En esta última sesión, piensa en algo que podrían hacer juntos con otro grupo para traer nuevas personas a Jesucristo.

9. ¿Qué paso podrían dar como grupo para continuar alcanzando a los no creyentes? Aquí tienes algunas posibilidades. Planifícalas.

❏ Puedes hacer una parrillada con los miembros del grupo y sus amigos no creyentes. Inviten a los niños si prefieren, cuando se presenten unos a otros puedes identificar a los miembros del grupo como «personas con las que me reúno regularmente para hablar de cómo vivir lleno de gozo y con propósito». Algunos de los invitados pueden estar interesados en unirse al grupo... o incluso ser un medio de ayuda para que el grupo pueda alcanzar a otros.

❏ En lugar de una parrillada puede ser un café para mujeres, deportes para varones, una fiesta o una actividad social.

❏ Si disfrutas corriendo, jugando golf o practicando cualquier actividad, puedes invitar a un miembro del grupo y a su amigo no creyente para que se unan a ti.

❏ Puedes rentar una película que ofrezca suficiente sustancia para la discusión de asuntos espirituales. Invita a una pareja de creyentes y a otra de no creyentes a ver la película y a comentarla.

❏ Mantente atento a la necesidad de algún vecino. ¿Necesitará una mujer mayor que le ayudes a recoger las hojas de su patio? Puedes unirte a otros miembros del grupo para hacer este trabajo. Déjenle saber que están en un grupo juntos y que tratan de ayudar a las personas ofreciéndoles el amor de Jesucristo.

❏ Si tienes contacto (a través del trabajo o la escuela por ejemplo) con personas de otras culturas, puedes incluir a esta(s) persona(s) en tu plan de alcance.

❏ Apoyen a un misionero juntos. Si tu iglesia no apoya a nadie pueden unirse como grupo para identificar alguna organización misionera y seleccionar a alguien que puedan apoyar.

- Escribe una carta de aliento a un misionero que ya estén apoyando.
- Juntos pueden apadrinar a un niño de *Visión mundial* o *Compasión internacional* (o cualquier otra agencia de apoyo).
- Oren por un país que el grupo escoja para «adoptar».

ENTREGANDO TU VIDA PARA EL GOZO DE DIOS   30 min.

10. ¿Cuál es el próximo paso para el grupo? Vayan al *Acuerdo del grupo con propósito* en la página 67. ¿Quisieran continuar esta reunión juntos? Si es así, ¿quisieras cambiar algo de este acuerdo (horas, fechas, valores compartidos y demás)? ¿Hay algunas cosas que quisieras que el grupo mejore si continúa? Toma notas de esta discusión.

11. ¿Cómo puede el grupo orar por ti esta semana?

12. Comparte la Cena del Señor para celebrar esta parte de su jornada juntos. Al honrar a Jesús y su muerte en la cruz, la Cena del Señor sirve para que tengamos siempre presente lo que él hizo por nosotros. Además es una oportunidad para reflexionar en el porqué Jesús merece ser adorado y obedecido.

    Las instrucciones para compartir la Cena del Señor en un grupo pequeño están en la página 78.

NOTAS DE ESTUDIO

Hagan discípulos. Este es el único mandamiento propiamente dicho en este pasaje. «Vayan», «bautizándolos», «enseñándoles» son todos participios en el griego original; describen cómo debemos hacer discípulos. Un discípulo es tanto un aprendiz como un seguidor de Jesucristo. Se nos manda hacer discípulos yendo al mundo y viviendo entre las personas no creyentes, guiándolas a Jesús, bautizándolas en su nueva fe, y luego enseñándoles a obedecer todo lo que Jesús mandó.

Estaré con ustedes siempre. Jesús no quiere que dejemos que el temor nos detenga. Desea que sigamos hacia adelante con fe en él. Nos dará las palabras para decir (Mateo 10:26-33). Él estará con nosotros mientras compartimos nuestra fe y hacemos discípulos.

❑ *Para un estudio más profundo* sobre este tema, leer Mateo 9:35-38; 10:1-42; Hechos 1:8; 12:25; 13:4-5; 15:36, 41.

❑ *Versículo para memorizar semanal:* Mateo 28:19-20

NOTES

Si estás usando el DVD junto con
este plan de estudios, por favor, usa
este espacio para tomar notas sobre
las enseñanzas de esta sesión.

PREGUNTAS FRECUENTES

¿Quiénes pueden asistir al grupo?

Cualquier persona que sienta que le será de beneficio. En cuanto empiece, le recomendamos a cada asistente que invite al menos a un amigo a que se una. Un buen momento de unirse al grupo es en la primera o segunda semana de cada nuevo estudio. Comparta los nombres de sus amigos con los demás miembros del grupo, así podrán orar junto con usted.

¿Durante cuánto tiempo se reunirá este grupo?

Una vez que esté finalizando la sexta semana del estudio, esto depende totalmente del grupo. La mayoría de los grupos se reúnen semanalmente al menos durante las primeras seis semanas, pero cada dos semanas puede funcionar también. Al final de este programa, cada miembro del grupo puede decidir si él o ella quiere continuar por otras seis semanas de estudio. Te animamos a que consideres usar el siguiente estudio en esta serie. Las series están diseñadas para conducirte a través de una jornada en la que podrás desarrollar la salud espiritual y poseer una vida con propósito en treinta y seis sesiones. No obstante, cada guía es independiente y puede ser seguida en cualquier orden. Pueden tomarse descansos entre estudios si así lo desean.

¿Quién es el líder?

Este manual te acompañará a cada paso para ser un grupo efectivo. De igual manera, tu grupo pudo haber elegido uno o más líderes de discusión. Te recomendamos firmemente que rotes el trabajo de moderador en las discusiones, así todos tendrán ocasión de participar y desarrollarse. Puedes compartir otras responsabilidades también, como traer refrigerios o ponerse al día con aquellos que se han perdido alguna reunión. No existe ninguna razón por la que una o dos personas deban hacerlo todo; en efecto, compartir las responsabilidades en el grupo ayudará a cada uno a crecer. La Biblia dice que cuando dos o tres están reunidos en el nombre de Jesús (que son ustedes), él esta allí en medio. Así que finalmente, Dios es el líder en cada paso del camino.

¿Dónde encontraremos nuevos miembros para el grupo?

Esto puede ser un problema, especialmente para los grupos nuevos que tienen pocas personas o para los que perdieron a algunos a lo largo del camino. Te recomendamos que ores con el grupo y luego piensen en una lista de personas del trabajo, iglesia, vecindario, el colegio de los niños, familiares, etc. Luego, que cada uno invite a varias personas de su lista. Otra estrategia es pedir a los líderes de la iglesia que hagan un anuncio, o que inserten una nota en el boletín semanal.

No importa cómo consigas miembros, es vital que estés a la búsqueda para invitar a nuevas personas a que se unan al grupo. Todos los grupos tienden a pasar por algún grado saludable de desgaste como resultados de movimientos, cambios de líderes, oportunidades de ministrar, y si el grupo es muy pequeño, se corre el riesgo de que se cierre. Si tú y tu grupo se mantienen accesibles, te asombrarás de las personas que Dios enviará. La próxima persona podría convertirse en un amigo de por vida. ¡Uno nunca sabe!

¿Cómo resolvemos el cuidado de niños que necesita nuestro grupo?

Ten mucho cuidado. De veras, este puede ser un asunto muy delicado. Te sugerimos que animes al grupo a discutirlo abiertamente para hallar soluciones. Puedes encontrar algo que funcione para algunos pero no para todos, así que deberás ver las alternativas. Una solución común es reunirse en la sala o el comedor con los adultos, y compartir los gastos de una persona o dos que se encarguen de los niños en otro lugar diferente de la casa. Finalmente, puedes rotar la responsabilidad de dar una lección de alguna índole a los niños. Esta última idea puede ser de increíble bendición para los niños y para ustedes. ¡Nosotros lo hicimos y funcionó de maravillas! Otra vez, la mejor salida es animar al grupo a dialogar francamente sobre los problemas y las soluciones.

ACUERDO DEL GRUPO CON PROPÓSITO

Es una buena idea para cada grupo poner en palabras los valores que comparten, sus expectativas y compromisos. Un acuerdo por escrito te ayudará a evitar malentendidos y desilusiones. Discutirás sobre el acuerdo en la Sesión 1, y luego lo revisarán en la Sesión 6 para decidir si quieren modificar algo mientras continúan como grupo. (Puede acordar terminar el grupo en la Sesión 6). Siéntete libre de modificar cualquier cosa que no funcione para el grupo.

Si la idea de tener un acuerdo por escrito no es familiar al grupo, les sugerimos que lo intenten. Un acuerdo claro es invalorable para resolver conflictos constructivamente y llevar a las personas al camino de la sanidad.

Estamos de acuerdo con los siguientes valores:

Propósito claro   Crecer en salud espiritual construyendo un grupo
                        pequeño saludable. Para eso, nosotros _____
                        _____
                        _____
                        _____
                        _____

Asistencia   Dar prioridad a las reuniones del grupo (llamar si voy a
                        llegar tarde o si no puedo asistir).

Ambiente seguro   Ayudar a crear un ambiente seguro donde la gente se
                        sienta escuchada y amada (por favor, no dar respuestas
                        rápidas, juzgar, o hacer arreglos fáciles).

Confidencialidad   Mantener todo lo que se comparta en las sesiones
                        estrictamente confidencial dentro del grupo.

Salud espiritual   Permitir a los miembros del grupo que me ayuden a vivir
                        una vida espiritual sana que agrade a Dios (ver la
                        Evaluación de salud y el *Plan de salud*)

Invitar a las personas Mantener un lugar disponible en el grupo y compartir el sueño de Jesús de encontrar un pastor para cada oveja perdida invitando a nuevas personas.

Compartir la responsabilidad Recordar que cada miembro es un ministro y animar a cada asistente a asumir un papel dentro del grupo o a servir en uno de los equipos con propósito.

Rotación de líderes Alentar a alguna persona nueva a ser el moderador del grupo cada semana, y rotar las casas y los refrigerios también (ver el *Calendario del grupo pequeño*).

Compañeros espirituales Elegir un compañero dentro del grupo al que pueda ayudar más de cerca en su crecimiento espiritual (Mi compañero espiritual es _____).

Estamos de acuerdo con las siguientes resoluciones:

• Refrigerios / Comidas _____

• Cuidado de los niños _____

• Cuándo encontrarnos (día de la semana) _____

• Dónde encontrarnos (lugar) _____

• Comenzaremos a las (hora)_____ y terminaremos a las _____

• Haremos lo posible para que algunos o todos podamos asistir a un servicio del domingo juntos. El servicio al que asistiremos será _____

• Revisión de la fecha de este acuerdo _____

Estamos de acuerdo en cumplir el siguiente compromiso:

Padre, usando todas mis habilidades, a la luz de lo que conozco como verdad, me comprometo en la siguiente etapa de mi vida a CONECTARME con tu familia, CRECER para ser más como Jesús, DESARROLLAR mi FORMA para el ministerio, COMPARTIR la misión de mi vida cada día, y ENTREGAR mi vida para agradarte.

_____   _____   _____
Nombre   Fecha   Compañero espiritual (Testigo)

CALENDARIO DEL GRUPO PEQUEÑO

Los grupos con propósito saludables comparten las responsabilidades y la pertenencia. Esto no sucede de la noche a la mañana, sino progresivamente con el tiempo. Compartir las responsabilidades y la pertenencia asegura que ninguna persona lleva el grupo sola. El calendario que sigue puede ayudarte en esta tarea. Puedes agregar algún evento social, proyecto misionero, cumpleaños y días feriados a tu calendario. Este calendario debería completarse después de tu primera o segunda reunión. Planear de antemano facilitará mejor la asistencia e involucrará más a los demás.

Fecha	Lección	Lugar	Refrigerio	Moderador
Lunes, 15 de enero	1	Laura y Santiago	Juan	Pedro

ROLES DEL EQUIPO CON PROPÓSITO

La Biblia deja claro que cada miembro, no solo el líder del grupo pequeño, es ministro del cuerpo de Cristo. En un grupo pequeño con propósito (así como en una iglesia con propósito), cada miembro juega un papel en el equipo. Revisa los papeles y responsabilidades de los equipos descritas abajo y que cada miembro asuma alguno voluntariamente, o que el grupo sugiera el rol para cada uno. Es mejor tener una o dos personas para cada equipo, así tienes cada propósito cubierto. Servir por lo menos en un grupo pequeño no solo ayudará al líder a crecer, sino también será divertido para cada uno. No te quedes atrás. ¡Únete al grupo!

Las oportunidades que siguen están separadas en los cinco propósitos y luego por las palabras gatear (equipo principiante), caminar (equipo intermedio), o correr (equipo avanzado). Trata de cubrir las fases de gatear y caminar si puedes.

Roles del equipo con propósito   Miembros del equipo con propósito

Equipo de Compañerismo (**CONECTÁNDONOS** con la familia de Dios)

Gatear: Auspiciar eventos sociales o actividades de grupo.   _____

Caminar: Invitar a las personas al grupo pequeño.   _____

Correr: Liderar la hora de la CONEXIÓN cada semana.   _____

Equipo de Discipulado (**CRECIENDO** para ser como Jesús)

Gatear: Asegurarse de que cada miembro tenga un plan   _____
simple y un compañero para el devocional personal.

Caminar: Discipular a unos cuantos miembros jóvenes.   _____

Correr: Facilitar la _Evaluación de salud de una vida con_   _____
propósito y el proceso del _Plan de salud de una_
vida con propósito.

Equipo de Ministerio (**DESARROLLANDO** tu FORMA para servir a otros)

Gatear:	Asegurarse de que cada miembro encuentre _____ un rol en el grupo o una responsabilidad en un equipo con propósito.
Caminar:	Planificar un proyecto ministerial para el grupo _____ en la iglesia o la comunidad.
Correr:	Ayudar a cada miembro a descubrir y desarrollar _____ un ministerio en la iglesia basado en su FORMA.

Equipo de Evangelismo (Misiones) (**COMPARTIENDO** tu misión en la vida todos los días)

Gatear:	Coordinar el listado de oración y alabanza de los _____ amigos y familiares no cristianos.
Caminar:	Orar por oportunidades misioneras para el grupo _____ y planificar una aventura transcultural para el mismo.
Correr:	Planificar como grupo la asistencia a un servicio de _____ fin de semana, auspiciar una fiesta en el vecindario o crear un evento para atraer a tus amigos no cristianos.

Equipo de Adoración (**ENTREGANDO** tu vida para el gozo de Dios)

Gatear:	Mantener semanalmente la lista de oración y _____ alabanza.
Caminar:	Liderar un breve tiempo de adoración en el grupo _____ (CD /video /a capella).
Correr:	Planificar un tiempo para celebrar la Cena del Señor, _____ caminatas de oración, lavado de pies o una experiencia de adoración en el exterior.

EVALUACIÓN DE SALUD DE UNA VIDA CON PROPÓSITO

	Comenzando	En el camino	Bien desarrollado

CONECTÁNDONOS CON LA FAMILIA DE DIOS

Profundizo mis conocimientos sobre Dios y mi amistad
con él en comunidad con otros. — 1 2 3 4 5

Crezco en mi habilidad tanto de compartir como de mostrar
mi afecto a los demás. — 1 2 3 4 5

Deseo compartir mis necesidades reales de oración y de
comprensión a otras personas. — 1 2 3 4 5

Resuelvo los conflictos constructivamente y estoy dispuesto a
perdonar a otros. — 1 2 3 4 5

CONECTÁNDONOS Total _____

CRECIENDO PARA SER COMO JESÚS

Tengo una creciente relación con Dios a través de tiempos regulares
de lectura bíblica y oración (hábitos espirituales). — 1 2 3 4 5

Experimento más de las características de Jesús en mi vida
(amor, gozo, paz, paciencia, amabilidad, dominio propio, etc.) — 1 2 3 4 5

Elimino comportamientos adictivos (comida, televisión,
trabajo y similares) para llenar mis necesidades. — 1 2 3 4 5

Paso tiempo con un amigo cristiano (compañero espiritual)
que me anima y desafía mi crecimiento espiritual. — 1 2 3 4 5

CRECIENDO Total _____

DESARROLLANDO TU FORMA PARA SERVIR A OTROS

Descubro y desarrollo mi FORMA dada por Dios para el
ministerio. — 1 2 3 4 5

Oro regularmente para que Dios me muestre oportunidades
para servirle a él y a otros. — 1 2 3 4 5

Sirvo regularmente (una vez al mes o más) en la iglesia o
la comunidad a través de un ministerio. — 1 2 3 4 5

Soy un miembro del equipo que está desempeñando una función o
responsabilidad en el grupo. — 1 2 3 4 5

DESARROLLANDO Total_____

	Comenzando	En el camino	Bien desarrollado

COMPARTIENDO TU MISIÓN EN LA VIDA TODOS LOS DÍAS

Cultivo relaciones con no creyentes y oro para que
Dios me dé una oportunidad para compartir su amor. — 1 2 3 4 5

Invierto mi tiempo en otra persona o grupo que necesita
conocer a Jesús personalmente. — 1 2 3 4 5

Invito regularmente a personas sin iglesia o que no tienen
un grupo a mi iglesia o a mi grupo pequeño. — 1 2 3 4 5

Oro y aprendo acerca de dónde Dios puede usarme a
mí y a nuestro grupo interculturalmente a través de las misiones. — 1 2 3 4 5

COMPARTIENDO Total _____

ENTREGANDO TU VIDA PARA EL GOZO DE DIOS

Experimento más de la presencia del poder de Dios en mi
vida diaria. — 1 2 3 4 5

Asisto fielmente a mi grupo pequeño y a los cultos de la
iglesia para alabar a Dios. — 1 2 3 4 5

Busco agradar a Dios entregando cada área de mi vida
(salud, decisiones, finanzas, relaciones, futuro, etc.) a él. — 1 2 3 4 5

Acepto las cosas que no puedo cambiar convirtiéndome
en una persona más agradecida por la vida que se me dio. — 1 2 3 4 5

ENTREGANDO Total_____

Totaliza los puntos de cada propósito y ubícalos en el cuadro de abajo. Revisa tu progreso al cabo de treinta días. Asegúrate de seleccionar tu compañero espiritual y el área donde quieras progresar en los próximos treinta días.

73

PLAN DE SALUD DE UNA VIDA CON PROPÓSITO

Mi nombre _____ Fecha _____

Mi compañero espiritual _____ Fecha _____

Posibilidades	Plan de acción
	(trázate una meta por área)

CONECTÁNDONOS CON LA FAMILIA DE DIOS

Hebreos 10:24-25; Efesios 2:19

¿Cómo puedo profundizar mi relación con otros?

• Asistir a mi grupo más frecuentemente

• Programar un almuerzo con un miembro del grupo

• Comenzar a orar por mi mentor espiritual

¿Quién es/son mis pastor/es?

NOMBRE/S: _____

CRECIENDO PARA SER COMO JESÚS

Colosenses 1:28; Efesios 4:15

¿Cómo puedo crecer para ser como Cristo?

• Comprometerme a tener un tiempo con Dios tres días a la semana

• Pedir a un amigo ayuda para hacer un recuento del devocional diario

• Comenzar a anotar mis oraciones

¿Cuál es mi plan de acción espiritual?

FECHA DE RENOVACIÓN: _____

DESARROLLANDO TU **FORMA** PARA SERVIR A OTROS

Efesios 4:11-13; 1 Corintios 12:7; 1 Pedro 3:10

¿Cómo puedo desarrollar mi FORMA para el ministerio?

- Comenzar a orar por un ministerio personal

- Asistir a una clase sobre cómo descubrir mi ministerio

- Servir juntos en un evento de la iglesia o de la comunidad

¿Donde estoy sirviendo a otros?

MINISTERIO: _____

COMPARTIENDO TU MISIÓN EN LA VIDA TODOS LOS DÍAS

Mateo 28:18-20; Hechos 20:24

¿Cómo puedo compartir mi fe cada día?

- Comenzar invitando a almorzar a algún amigo que esté buscando a Dios

- Invitar a algún pariente no creyente a la iglesia

- Orar y aportar para alguna misión en otro continente

¿Cuándo estoy compartiendo mi misión de vida?

OCASIÓN: _____

ENTREGANDO TU VIDA PARA EL GOZO DE DIOS

¿Cómo puedo entregar mi vida para agradar a Dios?

- Rendir un área a Dios

- Ser honesto sobre mi lucha y dolor

- Comprar un CD de música para alabar en mi auto y en mi grupo

¿Cómo estoy rindiendo mi vida hoy?

ÁREA: _____

	Progreso (renueva y revisa)	Progreso (renueva y revisa)	Progreso (renueva y revisa)
	30 días/Fecha _____ ❏ ❏ ❏ ❏ Chequeo semanal con mi compañero espiritual o grupo	60-90 días/Fecha _____ ❏ ❏ ❏ ❏ Chequeo semanal con mi compañero espiritual o grupo	120+ días/Fecha _____ ❏ ❏ ❏ ❏ Chequeo semanal con mi compañero espiritual o grupo
CONECTÁNDONOS			
CRECIENDO			
DESARROLLANDO			
COMPARTIENDO			
ENTREGANDO			

PÁGINA DE REGISTRO DE LOS COMPAÑEROS ESPIRITUALES

Mi nombre _____ Nombre del compañero espiritual _____

	Nuestros Planes	Nuestros Progresos
Semana 1		
Semana 2		
Semana 3		
Semana 4		
Semana 5		
Semana 6		

Hagan un breve chequeo cada semana y escriban sus planes personales y el progreso que esperan para la semana siguiente (o hasta para las próximas semanas). Esto puede hacerse (antes o después de la reunión) por teléfono, a través de un correo electrónico, o tal vez en persona cada cierto tiempo.

CELEBRACIÓN DE LA CENA DEL SEÑOR

Las iglesias varían en la manera en que sirven la Cena del Señor. Aquí te mostramos una forma sencilla en la que un grupo pequeño puede compartir esta experiencia. Puedes adaptar esta forma si fuese necesario dependiendo de las creencias de tu iglesia.

Pasos para servir la Cena del Señor

1. Di algo breve sobre el amor de Dios, su perdón, gracia, misericordia, compromiso, ternura y fidelidad. Conecta tus palabras con las historias personales del grupo. Por ejemplo: «En estas semanas que pasaron experimenté la misericordia de Dios a través de la manera en que resolvió la situación con mi hijo. Y he visto a Dios mostrar su misericordia a otros aquí también, especialmente a Juan y María». Si prefieres, puedes anotar de antemano lo que quieres decir.

2. Lean 1 Corintios 11:23–26:

   El Señor Jesús, la noche en que fue traicionado, tomó pan, y después de dar gracias, lo partió y dijo: «Este pan es mi cuerpo, que por ustedes entrego; hagan esto en memoria de mí.» De la misma manera, después de cenar, tomó la copa y dijo: «Esta copa es el nuevo pacto en mi sangre; hagan esto, cada vez que beban de ella, en memoria de mí.» Porque cada vez que comen este pan y beben de esta copa, proclaman la muerte del Señor hasta que él venga.

3. Oren en silencio y pasen el pan a los demás. Mientras que el pan va pasando, querrás reflexionar en silencio, cantar una canción de alabanza sencilla, o escuchar una cinta de adoración.

4. Cuando todos hayan recibido el pan, recuérdales que eso representa el cuerpo de Cristo entregado por nosotros. Simplemente di: «Jesús dijo: "Hagan esto en memoria de mí". Comamos juntos», y coman el pan como grupo.

5. Oren en silencio y luego sirve la copa. Puedes pasar una bandeja pequeña, servir a las personas individualmente, o hacer que cada uno tome una copa de la mesa.

6. Cuando todos estén servidos, recuérdales que la copa representa la sangre de Cristo derramada por nosotros. Di simplemente: «Esta es la copa del nuevo pacto en la sangre de Cristo derramada por nosotros. Jesús dijo: "Hagan esto en memoria de mí". Tomemos juntos». Luego tomen el jugo como grupo.

7. Concluyan cantando alguna canción sencilla, escuchando alguna alabanza, o teniendo un tiempo de oración y agradecimiento a Dios.

Consejos prácticos para servir la cena del Señor

1. Prepara los elementos de forma sencilla, sacramental y simbólica.

2. Trata de regular bien el tiempo de la reunión.

3. Prepara galletitas saladas o trocitos de pan en un plato o bandeja. *No* sirvas grandes porciones de pan o jugo de uvas. Te recomendamos que utilices jugo de uvas y no vino, porque el vino es causa de tropiezo para algunas personas.

4. Ten todos los elementos preparados con antelación, y tráelos al lugar cuando esté todo listo.

❑ **Para un estudio más profundo**
Otros pasajes sobre la Cena del Señor: Mateo 26:26-29; Marcos 14:22-25; Lucas 22:14-20; 1 Corintios 10:16-21; 11:17-34.

VERSÍCULOS PARA MEMORIZAR

Una de las más efectivas maneras de incorporar las verdades bíblicas a nuestras vidas es memorizando pasajes claves. Para muchos, memorizar es un nuevo concepto... o tal vez algo que nos fue difícil en el pasado. Te animamos a que te atrevas y trates de memorizar estos seis versículos.

Una buena forma de memorizar un versículo es copiarlo en una hoja de papel cinco veces. La mayoría de las personas que utilizan este método aprenden de por vida. Es también de ayuda pegar el versículo en algún lugar donde lo verás varias veces al pasar en el día.

SEMANA UNO

«Porque tanto amó Dios al mundo, que dio a su Hijo unigénito, para que todo el que cree en él no se pierda, sino que tenga vida eterna».

—Juan 3:16

SEMANA DOS

«Porque el Hijo del hombre vino a buscar y a salvar lo que se había perdido».

—Lucas 19:10

SEMANA TRES

«Así que somos embajadores de Cristo, como si Dios los exhortara a ustedes por medio de nosotros: "En nombre de Cristo les rogamos que se reconcilien con Dios"».

—2 Corintios 5:20

SEMANA CUATRO

«Compórtense sabiamente con los que no creen en Cristo, aprovechando al máximo cada momento oportuno».

—Colosenses 4:5

SEMANA CINCO

«El Señor no tarda en cumplir su promesa, según entienden algunos la tardanza. Más bien, él tiene paciencia con ustedes, porque no quiere que nadie perezca sino que todos se arrepientan».

—2 Pedro 3:9

SEMANA SEIS

«Por tanto, vayan y hagan discípulos de todas las naciones, bautizándolos en el nombre del Padre y del Hijo y del Espíritu Santo, enseñándoles a obedecer todo lo que les he mandado a ustedes. Y les aseguro que estaré con ustedes siempre, hasta el fin del mundo».

—Mateo 28:19-20

LECTURAS DEVOCIONALES DIARIAS

Hemos experimentado muchos cambios en nuestras vidas como resultado de leer la Biblia diariamente. Cientos de personas han estudiado esta serie VIVIENDO LA VIDA JUNTOS, y nos dicen que lo que más contribuyó a su crecimiento fue conocer de forma más profunda a Dios como resultado del devocional diario. Les aconsejamos firmemente que cada uno determine una meta realista para las seis semanas. Únanse por parejas con el mismo grado espiritual, esto mejorará los resultados diez veces más. Luego sugerimos que cada uno dedique algunos minutos diariamente para **LEER** el versículo para ese día, **REFLEXIONAR** en lo que está diciendo Dios a través de la Palabra y **RESPONDER** a Dios en oración en un diario personal. Cada uno de estos versículos guarda relación con el estudio semanal. Después que hayas completado la lectura, simplemente pon una marca en la casilla junto al versículo. ¡Disfruta el viaje!

SEMANA UNO
- ❑ Lucas 4:38–41
- ❑ Lucas 8:40–56
- ❑ Juan 8:1–11
- ❑ Lucas 15:1–10
- ❑ Lucas 15:11–32

SEMANA DOS
- ❑ Lucas 19:1–10
- ❑ Mateo 9:9–12
- ❑ Hechos 9:10–19
- ❑ Hechos 10:34–35
- ❑ Marcos 10:17–25

SEMANA TRES
- ❑ 1 Corintios 3:6–8
- ❑ 2 Corintios 4:1–6
- ❑ 2 Corintios 4:7–12
- ❑ Juan 4:35–38
- ❑ Romanos 10:13–15

SEMANA CUATRO
- ❑ Juan 8:12
- ❑ Juan 17:15–19
- ❑ Juan 17:20–23
- ❑ Hechos 20:24
- ❑ Juan 13:35

SEMANA CINCO
- ❑ Juan 10:10
- ❑ Romanos 3:23
- ❑ 1 Timoteo 2:5
- ❑ Efesios 2:8–9
- ❑ Juan 1:12

SEMANA SEIS
- ❑ Hechos 1:8
- ❑ Hechos 2:32–39
- ❑ Hechos 17:24–28
- ❑ 1 Juan 4:7–12
- ❑ 1 Juan 4:13–18

REPORTE DE ORACIÓN Y ALABANZA

Comparte brevemente tus peticiones de oración con el grupo, haz las anotaciones abajo. Luego reúnanse en subgrupos de dos, tres o cuatro para orar por cada necesidad.

	Petición de oración	Reporte de Alabanza
Semana 1		
Semana 2		
Semana 3		

	Petición de oración	Reporte de Alabanza
Semana 4		
Semana 5		
Semana 6		

Pasaje del día: _____

Reflexiones de mi corazón:

Dar honor a Dios. (Adorar a Dios por algo.)

Confesar a Dios mis pecados. (Confesar algún pecado conocido.)

Reafirmar quién soy en Cristo. (¿Cómo me ve Dios?)

Solicitar ayuda a Dios. (Pedirle algo a Dios.)

Ofrecer agradecimiento por lo que Dios ha hecho. (Agradecer a Dios por algo.)

Pasos a dar hoy:

ENTRENAMIENTO DEL LIDERAZGO

Liderazgo de los grupos pequeños 101 (Diez ideas para nuevos facilitadores)

¡Felicitaciones! Has respondido al llamado para colaborar en el pastoreo del rebaño del Señor. Solo hay pocas cosas en las tareas del reino de Dios que sobrepasan lo que tú harás. Al prepararnos para liderar ya sea una sesión o la serie completa— debemos mantener algunos pensamientos en mente. Te animamos a leer esto y revisarlo con cualquier persona que desee liderar antes de comenzar a hacerlo.

1. Recuerda, no estás solo. Dios sabe todo de ti, y sabía que serías llamado a liderar tu grupo. Aun así, no debes sentir que estás listo para hacerlo, esto es algo común en todo buen líder. Moisés, Salomón, Jeremías o Timoteo... todos ellos estaban renuentes a liderar. Dios promete: «Nunca te dejaré ni te desampararé» (Hebreos 13:5). Así lideres por solo un día, por varias semanas, o para siempre, serás bendecido mientras sirves.

2. No intentes hacerlo solo. Ora ahora a Dios para que te ayude a construir un equipo saludable de liderazgo. Puedes designar un colíder para que te ayude a liderar el grupo, hallarás que esto enriquece tu experiencia. Esta es tu oportunidad de involucrar tanta gente como puedas para construir un grupo saludable. Todo lo que tienes que hacer es llamar y pedir a la gente que ayude. Te sorprenderás con la respuesta.

3. Solo sé tú mismo. Si no eres tú, ¿quién serás? Dios desea usar tus dones y temperamento. No intentes hacer las cosas exactamente igual a otro líder; ¡hazlo de una manera que concuerde contigo! Si no tienes la respuesta solo admítelo y discúlpate cuando cometas un error. ¡Tu grupo te amará cuando lo hagas... y dormirás mejor en las noches!

4. Prepárate para tu reunión antes. Revisa la sesión y las notas para el líder y escribe tus respuestas a cada pregunta. Pon atención especial a los ejercicios en los que se les pide a los miembros del grupo que hagan algo diferente de lo que se comprometen en la discusión. Estos ejercicios les ayudarán a *vivir* lo que la Biblia enseña, y no solo a hablar al respecto. Asegúrate de comprender cómo funciona el ejercicio y no olvides traer todos los elementos necesarios (como papel o bolígrafos) a la reunión. Si el ejercicio emplea uno de los formularios del apéndice (tal como la *Evaluación de salud de una vida con propósito*), asegúrate de revisarlo antes para que conozcas cómo trabaja. Finalmente, revisa «Léelo primero» en las páginas 11–14, de esta forma recordarás el propósito de cada sección del estudio.

5. Ora por los miembros de tu grupo uno por uno. Antes de comenzar tu sesión, recorre mentalmente la habitación y ora por cada miembro nombrándolo. Revisa la lista de oración una vez a la semana. Pídele a Dios que use este tiempo juntos para tocar el corazón de cada persona de una forma única. Espera la dirección de Dios hacia las personas que necesiten ánimo y retos de formas especiales. ¡Si escuchas, Dios seguro te guiará!

6. Cuando hagas una pregunta, sé paciente. Alguien finalmente responderá. A veces las personas necesitan uno o dos momentos de silencio para pensar en la pregunta, y si el silencio no te incomoda tampoco incomodará a otros. Luego de que alguien responda, afirma la respuesta con un simple «gracias» o un «bien dicho». Luego pregunta: «¿Alguien más quiere decir algo?» o «¿Quisiera alguien que no haya intervenido añadir algo más?» Sé sensible a las personas nuevas o a los miembros reclutados que no estén listos para hablar, orar o hacer cualquier otra cosa. Si provees un ambiente seguro, florecerán con el tiempo.

7. Provee transiciones entre las preguntas. Cuando guíes la discusión, siempre lee en voz alta los párrafos de transición y las preguntas. Pide al grupo algún voluntario que quiera leer el párrafo o pasaje bíblico. No pidas que alguien lo haga, solicita voluntarios, y luego debes ser paciente, espera que alguien comience a hablar. Asegúrate de agradecer a la persona que lee en alta voz.

8. Hagan subgrupos cada semana, o no se mantendrán. Si tu grupo tiene más de siete miembros, sugiero que los animes a reunirse en círculos menores de discusión de tres o cuatro personas tanto para la sección de CRECIENDO como para la de ENTREGANDO del estudio. Dado que la gente tiene mejor disposición a hablar en un grupo menor, se conectará de mejor manera con el estudio y aplicará más rápidamente lo que está aprendiendo, es decir, obtendrá más del estudio. Un círculo pequeño anima a las personas calladas a participar y disminuye la influencia de un miembro dominante. Además, ayuda a que las personas se sientan amadas en el grupo. Cuando se vuelvan a reunir todos al finalizar la sección, haz que un integrante de cada grupo resuma lo conversado.

Los círculos pequeños son muy útiles para un tiempo de oración. Las personas que no están acostumbradas a orar se sentirán mucho más cómodas haciéndolo con solo dos o tres más. Además, no se tomará mucho tiempo al cubrir las peticiones, así que a estos subgrupos les dará más tiempo para orar. Al volver a reunirse en el grupo mayor pidan a una persona de cada círculo que comparta brevemente las peticiones de oración de todos. Las personas están más dispuestas a orar en grupos pequeños si saben que todo el grupo escuchará sus peticiones de oración.

9. Rota los facilitadores semanalmente. Al finalizar cada reunión, pregunta al grupo quién liderará la siguiente semana. Permite que el mismo grupo seleccione su facilitador. Debes estar preparado para liderar siempre, pero ayudarás a los demás a crecer en su fe y dones si les das la oportunidad de hacerlo. Puedes usar el *Calendario del grupo pequeño* de la página 69 para llenar los nombres de los líderes de las seis sesiones de una vez si lo prefieres.

10. Un reto final (para líderes novatos): Antes de tu primera oportunidad para liderar, revisa cada uno de los cinco pasajes listados a continuación. Lee cada uno como un ejercicio devocional y como ayuda para prepararte en tu faceta de pastor. Confía en nosotros cuando te decimos que si lo haces, estarás mucho mejor preparado para tu primera reunión.

- ❏ Mateo 9:36
- ❏ I Pedro 5:2-4
- ❏ Salmo 23
- ❏ Ezequiel 34:11-16
- ❏ I Tesalonicenses 2:7-8, 11-12

Impulsores del liderazgo de los grupos pequeños (Sugerencias semanales para el liderazgo)

«Y David los pastoreó con corazón sincero; con mano experta los dirigió».
—Salmo 78:72

David nos provee un modelo del líder con un corazón para Dios, un deseo para pastorear al pueblo de Dios y la disposición para desarrollar las habilidades de un líder. A continuación tienes una serie de sugerencias prácticas tanto para líderes nuevos como para experimentados. Estos principios y prácticas han demostrado cultivar grupos saludables y balanceados con más de mil ejemplos.

1. No dejes tu casa sin esto: Una oración del líder

«La oración de un hombre justo [o mujer] es poderosa y efectiva» (Santiago 5:16). Desde el inicio de este estudio, ¿por qué no comprometerse con una simple oración de renovación en tu corazón y en el de los miembros de tu grupo? Toma un momento ahora mismo para escribir una simple oración para comenzar:

Padre, ayúdame _____

_____

_____

2. Paga ahora o paga más tarde: Conflictos de grupo

La mayoría de los líderes y grupos evitan los conflictos, pero los grupos saludables están dispuestos a hacer lo que sea necesario para aprender y crecer a través del conflicto. Muchos de los conflictos pueden evitarse si el líder permite al grupo discutir abiertamente y decidir su propia dirección usando el *Acuerdo del grupo con propósito*. Los grupos saludables están vivos. El conflicto es una señal de madurez, no de errores. Algunas veces puede ser necesario salir a conciliar, pero no tengas miedo. Mira el conflicto como una oportunidad de crecimiento, siempre debes confrontarlo para que no cree un cáncer que puede matar al grupo con el pasar del tiempo (Mateo 18:15-20).

3. Liderando en la debilidad

El apóstol Pablo dijo que el poder de Dios se perfeccionaba en su debilidad (2 Corintios 12.9). Esto es exactamente lo contrario de lo que la mayoría de los líderes piensa, pero es un modelo significativo de la verdadera humildad, autoridad y poder espiritual. Esta era la manera en que Jesús llegó a la cruz. Así que puedes compartir tus errores y luchas junto con tus éxitos, confiesa tus pecados y celebraciones a otros, pide oración por ti y por los demás, a Dios le agradará y tu grupo crecerá en madurez. Si te humillas delante de la poderosa mano del Señor, te exaltará en el momento adecuado (Mateo 23:12).

4. Lo que hace llorar a Jesús: El enfoque de un líder

En Mateo 9:35-38, Jesús miró a las multitudes que lo seguían y las comparó a ovejas sin pastor. Fue movido a compasión, porque estaban «angustiadas y tristes» (NASB); la NVI dice que estaban «agobiadas y desamparadas». El texto griego implica que Jesús fue conmovido hasta el punto de llorar.

Nunca olvides que fuiste una de esas ovejas. Te urgimos para que tú y tu grupo no solo se enfoquen en ustedes sino también hacia fuera, hacia la gente más allá del grupo. Jesús dijo: «Síganme ... y los haré pescadores de hombres» (Mateo 4:19). Asumimos que tú y tu grupo lo siguen a él. Así que, ¿cómo va la pesca? Como líder puedes contagiar a los demás con la compasión de Cristo hacia los de fuera. ¡Por favor, mantén la llama ardiendo!

5. Tríos de oración

Los tríos de oración pueden proveer una gran bendición para ti y muchos otros. Al comenzar o finalizar la reunión, puedes reunir a la gente para orar en grupos de tres y así compartir y orar por tres amigos no creyentes. La sola estrategia mejorará la efectividad evangelística de tu grupo considerablemente. Asegúrate de que todos estén actualizados de los progresos logrados en cada uno de los círculos. Necesitas solo diez minutos en cada reunión, pero debes hacerlo por lo menos una vez al mes. Al principio, algunos de los miembros pueden sentirse abrumados por la idea de orar por los no creyentes. ¡Lo sabemos! Pero puedes confiar en que con el tiempo el corazón de ellos será renovado por el amor hacia los perdidos y por la bendición de pertenecer a un trío.

6. Carrera contra el reloj

Cuando tu grupo crece en tamaño o los miembros se sienten cómodos para hablar, inevitablemente sentirás como si estuvieras en una carrera contra el reloj. Debes conocer muy bien este sentimiento. La buena noticia es que hay algunas cosas simples que te pueden ayudar a mantenerte dentro del tiempo calculado:

- El respeto al tiempo es en realidad un signo de consideración y salud espiritual, así que cuídense de cumplirlo.
- Revisa con el grupo las posibles soluciones, porque ellos se sienten presionados también.
- Podrían comenzar su reunión algo más temprano o proponer el final algo más tarde.
- Si se separan en subgrupos de tres o cuatro personas, tendrán doble tiempo para compartir.
- Designen un vigilante del tiempo que mantenga al grupo en hora.
- Recuerden a todos que deben dar respuestas cortas.

- Debes ser selectivo a la hora de las preguntas a discutir.
- Finalmente, el planificar los cortes de la reunión antes de iniciarla realmente puede ayudarte.

7. Uno para todos y todos para uno: Construyendo un equipo de liderazgo

La afirmación: «Juntos logramos más» es especialmente cierta para los grupos pequeños. La Biblia enseña con claridad que cada miembro es un ministro. Asegúrate de dar a todos en el grupo la posibilidad de ser facilitadores semanales, así como de participar de otras responsabilidades, y busca que todos los miembros roten posiciones. No esperes que la gente lo solicite, no pasará. Desde el principio, intenta que todos se involucren. La mejor manera de incluir a todos en el juego es hacer que el grupo sugiera quién servirá mejor en las diferentes áreas. Mira los *Roles del equipo con propósito* en las páginas 70–71 para algunas sugerencias prácticas. También se puede hablar personalmente con cada miembro o pedir voluntarios, pero no debes perder la oportunidad de desarrollar a cada miembro del grupo y así construir un grupo sano y balanceado.

8. Los grupos con propósito producen vidas con propósito: La meta del líder

Al participar de este nuevo currículo, especialmente si es tu primera vez como líder, asegúrate de iniciar con el final en mente. Tal vez has escuchado la frase: «Si no apuntas a nada, siempre le darás a algo». Es vital para tu grupo que cada uno revise su salud espiritual usando la *Evaluación de salud de una vida con propósito* (en las páginas 72-76). Harán parte de esta evaluación en la Sesión 2 del grupo y compartirán los resultados con sus compañeros espirituales para darse ánimo y rendirse cuentas. Cada miembro deberá fijarse una meta para dentro de treinta días. La meta será enlazada al propósito que estarán estudiando en esta guía en particular. Te animamos a ir aún más lejos y completar toda la evaluación juntos. Luego, durante otra sesión de grupo (o por su cuenta), los miembros pueden poner sus propias metas para cada uno de los cuatro propósitos restantes.

El hacer parejas con los compañeros espirituales ofrecerá un invalorable apoyo para esa área de crecimiento personal. Anima a los compañeros a orar los unos por los otros en las áreas de sus metas. Pide que se reúnan por lo menos tres veces durante las series para compartir sus progresos y planes. Esto les dará los mejores resultados. Para que la gente pueda continuar con sus metas, necesitas liderar con visión y modelar. Comparte tus propias metas con el grupo y actualízalos con respecto a los pasos que has dado para influenciar tu vida espiritual. Si compartes tu progreso y planes, otros seguirán tus pisadas.

9. Descubre el poder de las parejas

Las mejores resoluciones se hacen a un lado por los negocios y el olvido, por lo que es muy importante para los miembros de tu grupo que tengan el apoyo necesario para alcanzar sus metas espirituales. Permite que se formen parejas de compañeros espirituales en la Sesión 2, o anímales a buscar un compañero cristiano o un mentor personal. Puedes prometerles que nunca serán los mismos si tan solo se comprometen a apoyarse con oración y ánimo semanalmente.

Es mejor comenzar con una sola meta en un área de gran necesidad. La mayoría de las veces esa área puede ser el evangelismo o la falta de un tiempo consistente con el Señor en oración y lectura de su Palabra. El cultivar el tiempo con el Señor es el lugar para comenzar; si los miembros del grupo ya están haciendo esto, podrán caminar hacia una segunda o tercera área de crecimiento.

Solo necesitas unas pocas victorias al principio. Permite que los compañeros espirituales se registren al iniciar o terminar una reunión. Pídeles que se apoyen con llamadas, tiempo juntos y mensajes electrónicos durante la semana. Confíe en esto: verá a su gente crecer como nunca.

10. No pierda el corazón: La visión de un líder

Eres un jugador estratégico en el campo de juego celestial. El ayudar a otros a crecer en Cristo puede ponerte bajo la mira de Satanás. En I Corintios 15:58 se nos dice: «Manténgase firmes e inconmovibles progresando siempre en la obra del Señor» (NVI). El liderar un grupo no será fácil, pero te ofrecemos algunas recomendaciones para que mantengas el gozo de ser un líder.

- Asegúrate de recargar tu alma mientras te das a ti mismo por los demás. Te recomendamos que tengas tu propio mentor para tu cuidado espiritual. Cuando se solicita a alguien que nos dé apoyo espiritual en el liderazgo, nueve de diez personas responden: ¡Me encantaría! Así que, ¿por qué no pedirlo?
- Delega responsabilidades después de la primera reunión. Esto ayudará a crecer a los miembros, y te dará un descanso a ti también.
- Lo más importante es cultivar tu propio caminar con Dios, porque te protegerá contra los ataques del diablo y aumentará el gozo de todos por tu vida. Toma la decisión para hacer esto y no dar lugar al diablo en tu corazón. Hay demasiado que arriesgar.

SESIÓN UNO: EL CORAZÓN DE DIOS PARA LAS PERSONAS

Metas de esta sesión

- Comenzar a ver a las personas perdidas del mundo a través de los ojos y el corazón de Dios
- Identificar a las personas en nuestras vidas que son ovejas sin pastor
- Comprometerte con ciertos valores básicos compartidos en tu grupo

Antes de reunirse por primera vez, invita la cantidad de gente con la que te sientas cómodo para trabajar. Esto hará que estés a gusto con tu grupo como líder. Invita a una o dos personas que estén dispuestas a coliderar contigo, así no tendrás que hacerlo solo.

Inicia la reunión con una breve oración.

Pregunta 1. Como líder, deberías ser el primero en responder esta pregunta. Tu respuesta modelará la cantidad de tiempo y la vulnerabilidad que quieras que otros imiten. Si eres breve, otros lo serán, si tu respuesta es superficial, las otras respuestas también lo serán, pero si eres objetivo y personal, otros sabrán que el grupo es un lugar seguro para compartir la verdad acerca de ellos mismos.

Asegúrate de dar a cada persona la oportunidad de responder a esta pregunta, porque es una ocasión para que los miembros se conozcan. No es necesario mantener un orden. Las personas pueden tener problemas en limitar sus respuestas a un minuto. Esto está bien en una primera sesión cuando todos están apenas conociéndose. La sección de CONECTÁNDONOS de esta reunión será más breve en futuras sesiones. Si tu grupo es nuevo, es de especial importancia dar un tiempo adicional para que las personas compartan sus historias personales. Todos necesitan sentirse conocidos para sentir que pertenecen a un lugar. El compartir las historias puede reducir el tiempo disponible para el estudio de la Biblia, pero este es un tiempo bien invertido sobre todo en las primeras semanas de estudio de un grupo. Aun si tu grupo ya se ha reunido antes, hallarás que estas preguntas de CONECTÁNDONOS les ayudarán a comprenderse mejor unos a otros y enriquecerán tu estudio de la Biblia.

Introducción a la serie. Si esta es tu primera guía de estudio de la serie VIVIENDO LA VIDA JUNTOS necesitarás dedicar algo de tiempo después de la primera pregunta para orientar al grupo sobre el principio que es la clave de esta serie: *Un grupo pequeño saludable con propósito balancea los cinco propósitos de la iglesia para ayudar a la gente a balancearlos en sus propias vidas.* La mayoría de los grupos pequeños hacen énfasis en el estudio de la Biblia, el compañerismo y la oración. Pero Dios nos ha llamado a alcanzar a otros también. Si estos cinco propósitos son un concepto nuevo para el grupo, asegúrense de leer la sección «Léalo primero» con el nuevo grupo. Adicionalmente, la sección de *Preguntas frecuentes* puede ayudarles a comprender algunas de las bases de un grupo con propósito.

Pregunta 2. Si tu grupo ha realizado ya otra guía de estudio de VIVIENDO LA VIDA JUNTOS durante los pasados seis meses, no necesitan revisar nuevamente el *Acuerdo del grupo con propósito*. Es una buena idea el recordar a las personas el acuerdo de vez en cuando, pero para un grupo ya establecido el recomprometerse cada seis meses es algo razonable. Si ustedes son nuevos en esta serie y no tienen un acuerdo grupal, vayan a la página 67 y dediquen unos diez minutos a revisar el *Acuerdo del grupo con propósito*. Lean cada valor en alta voz por turnos, y permite a los miembros del grupo comentarlos al final. Enfatiza la confidencialidad. Este compromiso es esencial para desarrollar la habilidad de confiar en otros.

«La salud espiritual» nos enseña que cada miembro debe animar a otros a ponerse sus propias metas espirituales. A medida que el estudio progresa, los miembros deben fijarse metas en cuanto a los devocionales diarios, o un padre podría ponerse la meta de pasar más tiempo con sus hijos. Nadie debe imponer metas a otro; cada uno es libre de fijarse sus propias metas.

Considerando las expectativas: Es asombroso cuántos grupos no invierten el tiempo necesario para planificar expresamente el tiempo de refrigerios, cuidado de los niños y asuntos como estos. El cuidado de los niños es un asunto importante para la mayoría de los grupos. Es necesario tratar esto como un asunto que el grupo necesita resolver en conjunto, aunque luego se decida que cada miembro hará sus propios arreglos por separado.

Si sientes que tu grupo necesita pasar del tema, puedes reservar la cuestión de las expectativas para la siguiente reunión.

Pregunta 3. Pide a alguien que lea el pasaje de la Biblia en alta voz. Es una buena idea pedírselo a alguien por anticipado, porque no todos se sienten cómodos leyendo en alta voz y en público. Cuando el pasaje ya haya sido leído, haz la pregunta tres. No tengas temor de permitir un tiempo de silencio mientras las personas piensan. Es completamente normal tener períodos de silencio en un estudio bíblico. Puedes contar hasta siete en tu mente. Si nadie dice nada, puedes decir algo cómico como: «Bien, puedo esperar mucho más que todos ustedes». No es necesario que todos respondan a cada una de las preguntas del estudio bíblico.

Preguntas 4-5. Jesús veía las necesidades físicas, políticas y espirituales de las personas. Sabía que muchos eran pobres. Conocía que el ejército romano los oprimía. Y sabía que al no obedecer a Dios estaban afectando sus vidas de forma negativa. Se daba cuenta de que estaban confundidos acerca de cómo era Dios y qué tipo de relación quería con ellos. Le importaban todas sus necesidades y entendía que necesitaban un pastoreo intenso y continuo para poder resolverlas. Necesitaban conocerle y seguirle como su buen pastor.

Pregunta 6. Hay multitudes de personas que necesitan conocer a Jesús como el buen pastor. Sin embargo, muy pocos de quienes sí lo conocen están ayudando a otros para que puedan hacerlo.

Pregunta 7. Es común que los cristianos nos sintamos enojados, frustrados y hasta indiferentes hacia quienes no parecen querer a Jesús como su pastor. La compasión aumenta cuando nos permitimos ver a estas personas como las ve Jesús. Si los miembros del grupo muestran reticencia a mostrar sus verdaderos sentimientos hacia los no creyentes, puedes dar el ejemplo compartiendo lo que tu corazón siente hacia una persona que no es creyente.

Pregunta 9. Hay dos obstáculos: las *muchas ocupaciones* y el *temor*. Algunos estamos demasiado ocupados con nuestras familias o con nosotros mismos para ocuparnos de quienes no conocen a Jesús. Otros tememos la humillación que podemos sentir si alguien rechaza nuestra fe en Jesucristo. (¿Sonaré como tonto? ¿Qué pasará si no sé explicar bien el evangelio?) O quizá tememos ofender a las personas. Hable sobre estos obstáculos y cómo pueden enfrentarse y resolverse.

Preguntas 10-11. Orar por las personas es una excelente manera de cultivar la compasión por ellas. Al orar por alguien uno comienza a ver las necesidades que tiene y que el evangelio satisfaría. Dedica unos minutos de tiempo para que las personas puedan anotar nombres en los círculos, y luego toma uno o dos nombres de cada persona para formar la *Lista de diez* de tu grupo.

Pregunta 12. Los pasajes devocionales de la página 81 te dan a ti y al grupo la oportunidad de perseverar en la disciplina espiritual de pasar diariamente un tiempo con Dios. Anima a todos para que lo intenten. Hay cinco lecturas cortas para cada sesión, de tal forma que todos puedan leer una cada día e incluso saltarse un par de días por semana. Habla con el grupo acerca del compromiso de leer y reflexionar en cada pasaje diariamente. Esta práctica ha revolucionado la vida espiritual de otros que han usado este estudio, así que la recomendamos mucho. En futuras sesiones habrá oportunidad de compartir lo que se ha aprendido en las lecturas devocionales diarias. Recuerda a los miembros del grupo la *Página de muestra para el diario* en la página 84.

Comenzando la sesión 2, las personas tendrán la oportunidad de registrarse con otro miembro del grupo para que al final de cada sesión se reúnan y compartan lo que han aprendido acerca de Dios en sus tiempos devocionales.

Considera dar a uno o más miembros del grupo la oportunidad de ser mediador en una reunión. Los grupos saludables rotan su liderazgo cada semana. Ninguna persona debe cargar sola con toda la responsabilidad. Es más, esto ayuda a desarrollar los dones de cada uno en un ambiente seguro, y lo mejor de todo, se aprenden diferentes cosas a través de los ojos de personas distintas con estilos propios. Puedes usar el *Calendario del grupo pequeño* (página 69) para ayudar a manejar tu esquema de rotación.

SESIÓN DOS: UNA MIRADA BAJO LA SUPERFICIE

Metas de esta sesión

- Aprender a observar y responder a las necesidades reales de las personas
- Proponerte un objetivo personal en el área de compartir la fe

Los líderes nuevos pueden encontrarse antes con otros líderes más experimentados para revisar el plan de la sesión. Puedes tener unos libros adicionales por si acaso van algunos miembros nuevos al grupo.

Pregunta 1. Piensa de antemano sobre lo que necesitabas cuando llegaste a la fe en Jesús. Trata de usar un lenguaje sencillo al referirte a tus necesidades, sin usar jerga psicológica o teológica. Habla de alguna necesidad que sentías y quizá de alguna de las más profundas que probablemente no reconocías. Quizá sentías que tu vida no tenía sentido, o que querías formar parte de algo más grande. O que necesitabas librarte de una adicción. Tal vez eras pequeño y sentías la necesidad de pertenecer a la comunidad de fe de tu familia. Todas estas son necesidades... y legítimas. Por supuesto también necesitabas del perdón por tus pecados, de una relación con Dios, y de la vida eterna. Estas son necesidades profundas. La mayoría de las personas llegan a Jesús para satisfacer una mezcla de necesidades que solo conocen en parte. Hablar sobre la pregunta 1 ayudará a los miembros del grupo a pensar en sus necesidades. Para algunas personas esta puede ser la primera vez que piensen en ellas.

Pregunta 2. Jesús inició esta relación poniéndose en la humilde posición de alguien que tenía necesidades. Necesitaba agua y se la pidió a una extranjera, una mujer samaritana nada menos. Fácilmente podría haber sido rechazado. Pedirle algo a alguien indica: «Te respeto y no temo admitir que tienes algo que necesito». Muchas relaciones comienzan cuando un vecino pide prestada una pala al otro. Jesús no se quejó, ni tampoco exigió. Solo pidió.

Pregunta 4. La mujer pensó que ella necesitaba agua física. Jesús sabía que necesitaba respeto, amabilidad y perdón por los fracasos de su vida... y en última instancia una conexión con el Mesías. Ella podría muy bien haber rechazado a quien le ofreciera soluciones para sus necesidades espirituales (el perdón, un Mesías) sin mostrar primero respeto y amabilidad. Jesús entró en la vida de esta mujer con suavidad y firmeza, quitando lentamente una a una las capas de su defensa.

Preguntas 11-12. Si los miembros del grupo nunca han realizado la *Evaluación de salud de una vida con propósito* ni se han propuesto antes objetivos para sus vidas espirituales, valdrá la pena dedicar diez o quince minutos para que lo hagan. Establecer un objetivo en el área de compartir la fe suele asustar a algunas personas. Pueden reconocer con dolor que fallan en esta área de la vida, pero sus muchas ocupaciones y el temor suelen ser barreras difíciles de franquear.

Familiarízate con la *Evaluación de salud de una vida con propósito* antes de la reunión. Tal vez quieras hacer la evaluación anticipadamente y pensar en tus propias metas. Luego puedes dar a los miembros del grupo un verdadero ejemplo de compromiso hacia lo que hay que hacer. Además, te animamos a completar una meta por cada propósito. Pídele a tu colíder o a alguien de confianza que revise estas metas contigo. Entonces comprenderás el poder de esta herramienta y el apoyo que se puede lograr de un compañero espiritual.

Ofrece esta evaluación en un espíritu de gracia. Esto hará que la gente esté hambrienta de ver obrar al Espíritu Santo y no teman el verse menoscabados. ¡Nadie puede hacer estas cosas en el poder de la carne! Y algunas veces los creyentes más maduros tienen una mejor percepción de las áreas en las que requieren la ayuda del Espíritu.

Guía a los miembros del grupo para que formen parejas con compañeros espirituales con los que tengan una buena química. El compañerismo espiritual trabaja mejor cuando las personas confían las unas en las otras. Dirige a todos a la *Página de registro de los compañeros espirituales* en la página 77, esta puede proveer la estructura para que las parejas puedan registrarse. Ten en mente que algunas personalidades aman las evaluaciones y el ponerse metas, mientras otras se resisten a ello. Hay personas que se ponen metas rutinariamente en el trabajo y pueden sentirse amenazadas al pensar en ponerse metas en su vida espiritual también. Asegura a todos que sus metas son simplemente pequeños pasos, que nadie será presionado a lograrlas o humillado por no alcanzarlas, y que Dios está siempre dispuesto a darnos de su gracia.

El *Plan de salud de una vida con propósito* de las páginas 74-76 es una herramienta para ayudar a las personas a estar más enfocadas en el establecimiento de metas para su salud espiritual. El plan contiene metas sugeridas, preguntas para meditar, y la posibilidad de mantenernos intercambiando información con nuestros compañeros espirituales. Anima a todos los miembros a usar esto si les parece de ayuda. También puedes consultar el *Calendario del grupo pequeño* (página 69) para revisar las personas que podrían liderar la discusión durante la siguiente reunión.

SESIÓN TRES: CONSTRUYE PUENTES A TRAVÉS DE LAS RELACIONES

Metas de esta sesión

- Ver la importancia de construir relaciones con los no creyentes
- Practicar el relato de pequeñas porciones de tu historia de fe con las que puedan identificarse los no creyentes.

Pregunta 1. Las muchas ocupaciones son la razón número uno por la que muchos cristianos no tienen amigos no creyentes. Puedes dar un ejemplo al pensar las veces en una semana típica en las que te encuentras de forma natural con no cristianos.

Pregunta 2. Servir a los demás se parece mucho a ser amigable. Uno puede interesarse en las vidas de las personas, ofrecerse a cuidar a sus hijos (y dejar que cuiden a los tuyos también de vez en cuando), ayudarlos en la casa, a resolver problemas en el trabajo, etc.

Preguntas 3-4. Convertirse en servidor de los no creyentes requiere tiempo y energía. A veces implica el dolor emocional cuando la gente nos hiere. El costo vale la pena si se llega a la conclusión de que uno de los propósitos más importantes en tu vida es el de extender el amor de Dios a los no creyentes. Si este propósito no es demasiado importante para ti, probablemente no harás el esfuerzo. También vale la pena el costo si piensas que tienes una oportunidad razonable de dejar una huella en la vida de alguien. Si esperas fallar, o esperas el rechazo, es probable que ni siquiera lo intentes. Permite que los miembros del grupo sean sinceros en cuanto a su temor al fracaso y sus prioridades en pugna. La culpa no hace evangelizadores efectivos. La gente necesita enfrentar y vencer sus temores. Necesitan la motivación del amor de los demás.

Pregunta 4. En 1 Corintios 8-10, Pablo guía a sus lectores para que distingan entre dos tipos de situaciones. Una es la del cristiano que se relaciona con los pecadores pero *no siente* la tentación de copiar su pecado. Pablo se encuentra en este tipo de situación con frecuencia. Socializa con personas inmorales sexualmente y con adoradores de ídolos, pero su pecado no le resulta atractivo. Puede entrar en su mundo y ofrecerles el amor de Jesús sin tropezar con el pecado. Al afirmarse en Jesucristo, Pablo puede mostrar un estilo de vida alternativo que atrae a los no creyentes.

El otro tipo de situación es la del cristiano que se relaciona con los no creyentes y es *tentado* a copiar su pecado. Por ejemplo, un hombre es invitado a un club strip-tease, pero sabe que no puede ir allí sin ser infiel a su esposa en su pensamiento. En 1 Corintios 10, Pablo les dice a los creyentes de Corinto que digan que no a situaciones como esta. Los cristianos necesitamos conocer nuestros puntos débiles y delimitar nuestro terreno de acuerdo a los mismos.

Pregunta 8. Una buena manera de acercarnos al desafío de compartir nuestra fe es agruparnos con otros cristianos para hacer amistad con los no creyentes. El estar en grupo o en equipo reduce el miedo al rechazo y fortalece el ejemplo que damos a los demás. La gente se siente atraída hacia los cristianos que sinceramente se interesan por los demás y que no necesitan pecar para divertirse. Si tú y otro miembro del grupo comparten un interés, como un deporte o entretenimiento, quizá conozcan a un no creyente a quien le gusta lo mismo y que disfrutaría al participar con ustedes. En la sesión 6 tendrás la oportunidad de hablar sobre ser anfitrión en una reunión o fiesta a la que invites a tus amigos no cristianos.

Metas de esta sesión

- Sentirte alentado a aprovechar las oportunidades en tu relación con los no cristianos
- Aprender a hablar sobre tu experiencia en la fe cristiana de una manera que los no cristianos puedan entender

Pregunta 4. Es sabio, por ejemplo, comportarse con integridad y amabilidad aun cuando los demás no lo hagan (1 Pedro 2:19). Si queremos ganar audiencia para el evangelio debemos ser excelentes en cuanto a la relación y la integridad.

Pregunta 5. La conversación llena de gracia es generosa y viene después de escuchar extensivamente a la otra persona. No debemos imponer nuestras opiniones. Las personas llenas de gracia encuentran cómo hablar de sus parámetros morales de manera clara, aunque respetuosa. Evitan el sarcasmo y los estereotipos al criticar los parámetros morales de los demás.

Pregunta 6. Podríamos decir: «Es una buena pregunta y no conozco la respuesta. Pero puedo hablar con alguien más y luego comunicártelo». O: «No fue un tema para mí cuando llegue a la fe en Cristo, así que no sé mucho de esto. Pero puedo preguntarle a alguien y comunicártelo luego». No hay nada malo en admitir que uno no sabe. Es humildad, no humillación. Luego, podemos leer un libro o artículo sobre el tema y preguntarle a nuestro pastor o a los miembros del grupo para que nos den su opinión.

Pregunta 8. No subestimes el poder de este ejercicio. Aquí estás poniendo en práctica tu estudio bíblico. Una de las razones principales por las que la gente no habla de su fe es que no saben qué decir. Estos cuatro pasos te ayudarán a saber cómo hablar.

Las notas guían a quienes no tienen una historia clásica de conversión adulta. Los cristianos suelen ser reticentes a contarles a los no creyentes sobre sus luchas contra el pecado porque creen que esto hará que ellos o Jesús se vean mal. Pero en realidad los no creyentes que comienzan a reconocer sus propias luchas en la vida se sienten atraídos hacia los cristianos que admiten que ellos también luchan o tienen dificultades. Los no creyentes que piensan que sus vidas son grandiosas suelen estar cerrados al evangelio, no es a ellos a quienes les revelarás tus dificultades. Es a los no creyentes *insatisfechos*, a los que están potencialmente dispuestos a sentir el toque de Jesús. Quizá se sientan felices de poder hablar con un cristiano que ha sentido preocupación por temas de dinero, que ha tenido dificultades en su matrimonio, incertidumbre laboral o fracasos personales, y que ha vencido a la adversidad por la gracia de Dios. No se sentirán impactados de forma desfavorable si admites que debiste luchar contra la arrogancia, el egoísmo o el miedo. Todo lo contrario. La clave es que has sido arrogante, o egoísta, o miedoso... *y has cambiado*. Esto es lo que no es frecuente en el mundo. Y un beneficio adicional de este ejercicio es que los miembros del grupo conocerán las historias de los demás. Al compartir estas historias el grupo se une más de una manera asombrosa. Alienta a las personas a no endulzar sus historias. No es necesario que al terminar el relato se ofrezca un final con un moño como paquete de regalo. Por ejemplo, si tu historia se refiere a la ira, está bien que digas que *sigues luchando* contra esto porque Dios aún está obrando para ablandar tu corazón. La sinceridad es lo que atrae a los no creyentes. Pueden detectar lo fingido a una milla de distancia. Alienta a las personas a escribir sus historias en las cuatro áreas como tarea para el hogar.

SESIÓN CINCO: EXPLICACIÓN DEL EVANGELIO

Metas de esta sesión

- Aprender cómo compartir el evangelio con un no cristiano
- Vencer el temor acerca de compartir el evangelio.

Pregunta 1. Propiciar a alguien es hacer algo para que él o ella pueda aplacar su ira. «Cristo propició a Dios en el sentido de que alejó la ira de Dios de los pecadores culpables».* Dale un aplauso a todos los que hayan adivinado bien. Si alguien en tu grupo sabe lo suficiente de teología como para debatir si Romanos 3.25 es realmente sobre la propiciación o sobre la expiación, merece otro aplauso. Sin embargo, pídele que guarde el debate para otro momento. (¡Suspiro de alivio!)

Pregunta 2. Pedro dice que las personas no nos lastimarán si las tratamos bien y compartimos con ellas el evangelio de manera respetuosa. Y dice que aun si lo hacen, esto no será el fin del mundo. La idea de ser lastimado no asusta a Pedro como nos asusta a muchos de nosotros. Los miembros del grupo quizá respondan: «¡Bueno, a mí sí me asusta!», o «¿Qué tiene Pedro, que puede encogerse de hombros ante el rechazo?» Al explorar sus respuestas los miembros del grupo podrán vencer sus miedos.

Pregunta 3. Muchas personas creen que el contento significa que no nos hace falta nada que no tengamos. Sin embargo, lo que atrae a los no creyentes es la esperanza: querer más de lo que esta vida ofrece, quejarnos con sinceridad mientras esperamos, vivir vidas generosas y valientes, porque sabemos que la desilusión no tiene la última palabra. El verdadero contento está en confiar en Dios y amar a los demás... aunque no tengamos lo que queremos.

Pregunta 5. Las partes del evangelio más difíciles de explicar a las personas que no conocen la iglesia son «salvo», «murió por nuestros pecados», y el hecho histórico de la resurrección. Las notas de estudio te ayudarán a expresar estas ideas con tus propias palabras. Y el *Puente a la vida* (pregunta 7) también te será de utilidad. Dedica un tiempo para hablar sobre estas ideas hasta que las personas puedan entenderlas de verdad. Es notable cómo muchos cristianos se expresan de

---

*J. D. Douglas y Merril C. Tenney, «Propiciación», *Nuevo Diccionario Internacional de la Biblia* (Grand Rapids: Zondervan, 1987), p. 828.

forma vaga acerca de lo que es el pecado, y cómo desconocen el suyo propio. Los no cristianos suelen desconocer que hacen algo lo suficientemente malo como para requerir que alguien muera por ellos. El tipo de conducta sexual que la mayoría de las personas ve como «pecado», por ejemplo, ni siquiera parece tan importante como para requerir una crucifixión o quemarse en el infierno. Quizá debas hablar de pecados como la arrogancia, la apatía ante el sufrimiento de los demás, o la indiferencia hacia Dios.

Si las personas están confundidas con respecto a la resurrección, el resto de 1 Corintios 15 lo explica. La resurrección no es la mera resucitación de un cadáver. El cuerpo resucitado tiene una composición diferente a la de nuestros cuerpos naturales. Aun así, la resurrección tiene que ver con cuerpos... no con una vida etérea «espiritual» para almas sin cuerpo.

Pregunta 7. Dedica algo de tiempo antes de la reunión para leer el *Puente a la vida* y para dibujarlo. Esto te ayudará a guiar a los miembros del grupo en el proceso de dibujar el puente mientras explicas cada paso. Es más fácil para las personas aprender a utilizar el puente si alguien les muestra cómo hacerlo. Luego de habérselos mostrado, otórgales tiempo para practicar entre ellos. Déjales saber que el puente está disponible en una versión de tratado corto, la cual pueden llevar consigo cuando se sienten a conversar con un no creyente. Aquí incluyo un borrador para compartir el puente con alguien.

Paso 1. Sobre el lado izquierdo de la página dibuja una línea recta con una persona de pie sobre la misma (la persona puede ser el estereotipo hecho con palitos). Di: «Dios nos creó a su imagen para ser sus amigos y para que tengamos una vida plena, segura en su amor, abundante y eterna. Jesús dijo: "He venido para que tengan vida y vida en abundancia". Pero si Dios quiso que tuviéramos paz y vida en abundancia ahora mismo, ¿por qué es que la mayoría de las personal no las experimentan?»

Paso 2. A partir de la línea recta que dibujaste, traza hacia abajo otra línea, la cara de un acantilado. Dibuja un acantilado similar del lado derecho de la página. En el medio quedará un abismo. Debajo del acantilado izquierdo escribe: «Personas (Pecadores)». Bajo el acantilado de la derecha escribe: «Dios (Santo)». Explica: «Dios nos creó para que podamos tener relaciones verdaderas, como él las tiene. Quiere que seamos capaces de amar, y esto incluye la libertad de elegir no amar. No nos hizo como robots para que lo amáramos de forma automática y le obedeciéramos sin más. Nos dio voluntad y libertad de elegir. Nosotros elegimos desobedecer a Dios y hacer las cosas a nuestro modo. Todavía hoy hacemos esa decisión, lo cual trae como resultado una separación entre él y nosotros. La Biblia dice: «Pues todos han pecado y están privados de la gloria de Dios». El pecado es elegir no tratar a Dios o a otras personas con amor. También es pecado el corazón duro que todos tenemos, que nos hace incapaces de amar a la perfección aun cuando lo deseemos. Por nosotros mismos no habrá manera de lograr el amor perfecto que necesitamos para cruzar este abismo hacia Dios. Durante siglos la humanidad lo ha intentado de diversas maneras sin lograrlo. Las buenas obras no lo logran. Tampoco la religión, el dinero, la moralidad o la filosofía... No podemos lograr amar a Dios solo intentándolo con nuestro mejor esfuerzo. Nunca podemos depurar nuestras acciones lo suficiente como para pagar por todo lo que no hemos llegado a amar».

Paso 3. Dibuja una cruz que una ambos acantilados. Di: «Jesucristo es la única respuesta a este problema. Murió en la cruz y resucitó de entre los muertos, pagando el precio de nuestro pecado y construyendo un puente entre Dios y las personas. La Biblia dice: "Porque Cristo murió por los pecados una vez por todas, el justo por los injustos, a fin de llevarlos a ustedes a Dios". Jesucristo pagó con su vida por todos nuestros fracasos del pasado. También pago para que pudiéramos amar de maneras que no podríamos lograr por nosotros mismos. Y si alguna vez dudamos que Dios nos ama podemos recordar que Jesús, el Hijo de Dios, estuvo dispuesto a morir por nosotros».

Paso 4. Explica: «Creer en Jesús significa confianza y compromiso. Significa reconocer nuestra naturaleza de pecado, confiar en el perdón de Jesús y dejar que él gobierne nuestra vida. La vida eterna y en abundancia es un regalo que podemos recibir. La Biblia dice: "Porque tanto amó Dios al mundo, que dio a su Hijo unigénito, para que todo el que cree en él no se pierda, sino que tenga vida eterna"».

Pregúntale a tu amigo: «¿Dónde te dibujarías tú aquí?» Permítele que indique el lugar y que explique por qué lo eligió. Si piensa que está del lado de Dios hazle algunas preguntas para asegurarte de que entiende qué significa estar de ese lado. Por ejemplo, puedes preguntarle: «¿Cuán importante es Jesucristo en tu vida?» Si indica que está del lado del pecado, pregunta: «¿Hay alguna razón que te impida cruzar hacia el lado de Dios y tener la certeza de la vida eterna?» Y luego dile: «¿Qué te impide que invites a Jesús a tu vida y que cruces el puente hacia una relación con Dios?» Si quiere hacerlo, guíalo en los pasos que le lleven a recibir a Jesucristo. Si quiere tiempo para pensarlo, dile que está bien que lo piense. Invítalo a guardar el dibujo de los acantilados y la cruz. Si dice: «No, gracias», asegúrale que no terminarás con la amistad por este motivo. Es muy importante que la persona sepa que la valoras, sea que reciba a Cristo o no.

Pregunta 10. Quizá necesites verificar con los líderes de tu iglesia para asegurarte de que se sienten cómodos con el hecho de que los grupos pequeños compartan la Cena del Señor. Si están de acuerdo, encontrarás que es una experiencia que les dará gran aliento y recompensa.

SESIÓN SEIS: LAS PALABRAS FINALES DE JESÚS

Metas de esta sesión

- Entender que compartir tu fe incluye ayudar a los creyentes más jóvenes para que crezcan desde la infancia espiritual a la madurez espiritual
- Acordar un plan para llegar como grupo a los no creyentes
- Celebrar que hayan completado este estudio

Preguntas 1-2. Debieras ser el primero en responder aquí. Piensa tus respuestas de antemano para poder compartir algo sincero, sustancioso y cálido. Establecerás el tono para los demás. Es importante no ser superficial ni demasiado general al afirmar los puntos fuertes de tu grupo. Pensar con antelación también ayudará a que tu respuesta sea concisa, para que los demás también lo sean.

Pregunta 3. Vayan. Hagan discípulos de todas las naciones. Bautícenlos en el nombre del Padre, el Hijo y el Espíritu Santo. Enséñenles a obedecer todo lo que Jesús mandó. ¡Menuda tarea!

Pregunta 6. El Evangelio de Mateo contiene muchos mandamientos de Jesús, así que es un buen lugar para empezar a buscar. El Sermón del Monte (Mateo 5—7) mantendrá al grupo ocupado un buen rato. Los demás Evangelios, y en última instancia el resto del Nuevo Testamento, terminan de pintar el cuadro de los mandamientos del Señor. Y por supuesto las leyes e historias del Antiguo Testamento echan luz sobre el modo de vida del Nuevo Testamento que enseñó Jesús (un judío practicante cuya única Biblia era el Antiguo Testamento).

Pregunta 7. Si hacer amistad con tus prójimos no cristianos te parece demasiado, más te lo parecerá llegar a personas de otras culturas. Esta pregunta busca despertar, no presionar. Piensa en qué es lo que puede hacer tu grupo según su nivel de preparación.

Pregunta 9: Si no hay tiempo para otra cosa hagan un plan para llegar a otros como grupo. Serán mucho más efectivos si los de afuera pueden ver la vida que viven juntos, y serán menos vulnerables al miedo, el desaliento y la distracción.

Pregunta 10. Asegúrate de reservar diez minutos para revisar tu *Acuerdo del grupo con propósito*. El fin de un estudio es una oportunidad de evaluar lo que ha sido bueno y lo que puede ser mejorado en tu grupo. Es un tiempo para que algunas personas se retiren con gracia y para que otras vuelvan a comprometerse para un nuevo período. Si estás planeando continuar con otro estudio de la serie

VIVIENDO LA VIDA JUNTOS, la sesión 1 de ese estudio te volverá a presentar este acuerdo. No tienes que discutirlo de nuevo si lo haces ahora.

Considera planear una celebración para señalar el fin de este episodio en tu grupo. Podrían compartir una comida, salir a comer un postre, o planear una fiesta para tu próxima reunión.

ACERCA DE LOS AUTORES

Brett y Dee Eastman han servido en la Iglesia de la Comunidad del Valle de Saddleback desde julio de 1997, pero sirvieron con anterioridad durante cinco años en la Iglesia de la Comunidad de Willow Creek en Illinois. Las responsabilidades primarias de Brett están en las áreas de los grupos pequeños, planeación estratégica, y desarrollo de liderazgo. Brett obtuvo su Máster en Divinidad en la Escuela de Teología Talbot, y su Certificado en Administración en la Escuela de Negocios Kellogg, en la Northwestern University. Dee es la verdadera heroína de la familia, después de dar a luz a Josué y Breanna dio a luz a trillizas idénticas, Meagan, Melody y Michelle. Dee es colíder en el estudio bíblico para damas en Saddleback llamado «El Camino». Viven en Las Flores, California.

Todd y Denise Wendorff han servido en la iglesia de la Comunidad del Valle de Saddleback desde 1998. Todd es un pastor del Departamento de Madurez en Saddleback, y Denise es colíder en el estudio bíblico para damas con Dee Eastman. Todd obtuvo su Máster en Teología en la Escuela Talbot de Teología. Ha enseñado cursos en la Universidad de Biola, en el Seminario de Golden Gate y otras universidades. Previamente, Todd y Denise sirvieron en la Iglesia de la Comunidad de Willow Creek. Aman ayudar a otros para que aprendan a profundizar en la Palabra de Dios por sí mismos y así experimentar las verdades bíblicas en sus vidas. Todd y Denise viven en Trabuco Canyon, California, con sus tres hijos, Brooke, Brittany y Brandon.

Karen Lee-Thorp es autora o coautora de más de cincuenta libros, cuadernos y estudios bíblicos. Sus libros incluyen *Una guía compacta para la vida cristiana, Cómo hacer buenas preguntas* y *Por qué la belleza sí importa*. Fue editora en NavPress por muchos años y editora para las series de estudios bíblicos Cambio de vida. Ahora es una escritora independiente y vive en Brea, California, con su esposo, Greg Herr, y sus hijas Megan y Marissa.

LISTADO DEL GRUPO PEQUEÑO

Nombre	Dirección	Teléfono	E-mail	Equipo o Rol	Ministerio en la iglesia
Bill Jones	7 Abvalar Street L.F. 92665	766-2255	bjones@aol.com	Sociales	Ministerio para niños

Asegúrate de pasar el listado por todo el lugar la primera noche, o pide a alguien que sea voluntario para escribir la lista completa del grupo. Anima al grupo a experimentar la pertenencia haciendo que cada uno tenga un rol o responsabilidad dentro del mismo.

Ministerio en la iglesia	Equipo o Rol	E-mail	Teléfono	Dirección	Nombre

Una vida con propósito®
¿PARA QUÉ ESTOY AQUÍ EN LA TIERRA?

RICK WARREN

La pregunta básica que todos enfrentamos en la vida es ¿Para qué estoy aquí? ¿Cuál es mi propósito? Los libros de autoayuda sugieren que las personas deben buscar dentro de sí mismas, de sus sueños y deseos, pero Rick Warren dice que el punto de partida tiene que ser Dios y su propósito eterno para cada vida. El significado real viene de nuestro entendimiento y cumplimiento de los propósitos de Dios para situarnos aquí en la tierra.

Una vida con propósito toma el impactante mensaje del libro galardonado *Una iglesia con propósito* y lo lleva aun más profundo, aplicándolo al estilo de vida individual de cada cristiano. Este libro ayuda a los lectores a comprender el sorprendente plan para sus vidas. Warren les posibilita ver «el cuadro completo» de lo que en realidad se trata la vida para comenzar a disfrutar la vida para la que Dios nos ha creado.

Una vida con propósito es un manifiesto de la vida cristiana vivida en el siglo 21... un estilo de vida basado en los propósitos eternos, no culturales. Usando historias bíblicas y permitiendo que la Biblia hable por sí sola, Warren explica claramente los cinco propósitos de Dios para cada uno de nosotros:

Fuimos planeados para agradar a Dios — experimenta una adoración real.

Fuimos hechos para la familia de Dios — disfruta de un compañerismo real.

Fuimos creados para ser como Cristo — aprende el discipulado real.

Fuimos formados para servir a Dios — practica un ministerio real.

Fuimos hechos para una misión — vive un evangelismo real.

Este tan esperado libro es el mensaje de vida de Rick Warren, pastor fundador de la Iglesia de Saddleback. Está escrito en un cautivador estilo devocional, y está dividido en cuarenta pequeños capítulos que pueden leerse como devocionales diarios, ser estudiados en grupos pequeños, y usados por las iglesias para participar en la Campaña «40 días con Propósito» a escala nacional.

También disponible en Inspirio, la división de regalos de Zondervan

Diario devocional de Una vida con propósito: 0-8297-3871-1

Planeado para Agradar a Dios (Libro de regalo):   0-8297-3967-X

Coleccionador de citas bíblicas® Vida con Propósito®: 0-8297-3928-9